心配事がスッと消える禅の習慣

佛母寺住職
コーネル大学宗教学博士
元スタンフォード大学フェロー
松原正樹

アスコム

はじめに

この本を手に取られた方は、心配性であるご自分の性格をどうにかしたいと悩んでいらっしゃるのでしょうか。

それとも、今抱えている心配事を解決する手がかりになれば、との切実な思いをお持ちでしょうか。

どちらの方にも、私から最初に贈る言葉は、「心配したって大丈夫」です。

心配を生み出す環境はなかなか変えられなくても、心配という感情を手放すことは、ちょっとした思考のクセや生活の習慣を変えるだけで簡単にできますから、まずは安心してください。

私の祖父は松原泰道《たいどう》という禅僧で、101歳で亡くなるまでに百冊を超える著書を残しています。禅をわかりやすい言葉で伝える伝道師であった祖父とは、私が27歳でアメリカに渡るまで、東京港区三田の龍源寺《りゅうげんじ》で生活を共にし、たくさんの話を聞きました。

その祖父がいつかいっていた言葉です。

みんなが心配といっているのは、心を痛める心痛《しんつう》である。本来、心配とは他者を気にかけて心を配ること。心痛ではなく、たくさん心配をするといい。

そこに私流の解釈を付け加えるとすれば、

「もっと、自分にも心を配っていい。もっと、自分を大切にしていい」

本書では、このことをメッセージとして強く伝えたいと思っています。

心配性の方は、まだ起きてもいないことを気にしすぎるあまり振り回され、心を痛めてしまっているのでしょう。でも大丈夫。この本を読めば、自分にも心を配れるようになり、今まで抱えていた心の痛みはスッと消えていくはずです。

心配という負の感情を手放す、そのアプローチの仕方は一つではなく、さまざまにあります。ご紹介する中から、ご自分の今の生活にフィットするものやすんなり腹に落ちたものから、ぜひ実践していただきたいと思います。

私は禅僧なので、禅的な解釈のもとにお伝えすることが多くなります。

もしかしたら「禅」と聞くと、禅問答のような難解さをイメージされる方もいるかもしれませんが、それは多くの方が抱いている誤解です。

そもそも禅の考え方は、特別なものではありません。

人間の理にかなったライフスタイルが、そのまま禅的なライフスタイルです。

人間の根源として誰にでも備わっている生き方であるからこそ、人は禅に触れたとき、すんなり受け入れることができるのです。


ハッキリと言葉にして表現するのは難しいけれど、これまで生きてきた中で、物事の本質をシンプルにとらえて行動する人に芯の強さを感じたり、どのような局面でも慌てず騒がず泰然とした振る舞いに敬意を払ったり、あんな生き方ができたらいいなと思う人との出会いがあったはずです。


その言葉になかなかできないところを、禅というフィルターを通すことで自分の中に浸透させることができます。

じわじわと浸透していった先に、あなたの憧れた生き方がある。心配や不安に振り回されない自分がいる。そんなイメージを持たれると、これから先の言葉もすんなり心に届くことと思います。

私は禅僧でありながら、拠点はアメリカで、大学生を相手に宗教学者として日本仏教について教えています。「ブッダは架空の人物でしょ？」という外国人を相手に、いかにわかりやすい言葉で禅を伝えるかが日々のテーマですから、難しいことはいいません。

また、グーグルが社員研修に取り入れたことでも話題となったマインドフルネスの活動にも関わり、それが縁でグーグルをはじめとする企業へ出向き、禅についての講義もしています。

企業で働く人々が何に悩み、何を求めているのか。少しは知っているつもりです。

心配事を消すのに役立つマインドフルネスのエッセンスもこの本の中に盛り込

んでいます。

アメリカで国際結婚もし、二人の娘にも恵まれ、これまでさまざまな価値観に触れてきました。年月を経るほどに、やはり禅の教えは人が善《よ》く生きるための助けとなると確信を深めるばかりです。

平坦ではない生き方をしてきた私の言葉が、あなたの心配を取り除く一助となるように。心を込めて。

禅僧・宗教学者　松原正樹

心配事がスッと消える禅の習慣　もくじ

第二章
心の整理整頓でどんな不安も消えていく

第三章 いつも穏やかであるための禅的生活のススメ

第四章 心配事に振り回されない後悔ゼロの生き方

第五章 孤独と死を恐れず、人生最後まで今を生きる

第一章

心配事はあなた自身がつくり出している

禅の習慣1

心配事の正体を知る。
それだけで、心がラクになる

ひと口に「心配事」といっても、さまざまな種類があります。

ご自身や家族の健康状態、お金のこと、職場やご近所との人間関係など、人は生きているかぎり、今起きている問題やこれから起きるかもしれない問題を不安に思い、悩んでしまう生き物です。

こういった感情を持つのは当たり前のことで、人間が生きのびるために身につけた「自己防衛能力」、「危機管理能力」がなせる性質だと私は思うのです。

ただ、やはり、あまりにこの性質が大きくなると、あれやこれやを心配しすぎて、生きることがとても苦しくなってしまいます。

「できればいろいろなことを心配しすぎず、ラクに生きたい」

そんなふうに思っている方に、私はまず、「あなたを悩ませている心配事は、すぐに対処できるものですか?」とお聞きします。

たとえば「老後のお金が心配だ」と悩んでいるのなら、今できることは何かを考えてみるのです。将来的に必要な金額を計算してみる、月々いくら積み立てるなど、ささいなことでも対処できることはあるでしょうか。

何かしらの方策が打てる心配事は、具体的解決のための行動をとることで心がラクになります。しかし、現実的には次のようなケースのほうが多いでしょう。

心配事の大半は、「定期預金や保険など打てる対策はとっているけど、老後が心配で仕方がない。家の補修、子どものこと、介護、お墓、考え出したらキリがない」といった具合。現実的に解決できることから具体的な解決策を見いだせないことまであれこれ想像し、悶々として抜け出せないループに入り込んでしまう。

これこそが心配事の本質です。

心配事は、自分ではコントロールしようのない事柄、しかもそれが将来本当に問題になるかもわからない事柄に対して、あなたの心が勝手に不安になってしまっている状態です。
どれほど心配に時間を費やしたところで、現実は何も変わりません。苦しい時間が増えるだけです。

仏教では、すべての物事には「原因」があって「結果」があるとしています。「原因」がさまざまな「縁」によって姿を変えて、「結果」につながるのです。
あなたの抱えている心配事にも、必ず「原因」があります。その原因の9割以上は、現実的に対処できる問題ではなく、「あなたの心模様しだい」です。

この本ではこれから、あなたの心が心配事に悩まなくなるための禅的な習慣をお伝えしていきます。たとえ今の環境や状況が変わらなかったとしても、心模様が変わるだけで、あなたを悩ます心配事は嘘のようにスッと消えることでしょう。

禅の習慣2

貴重な人生の時間を妄想と執着による心配でムダにしない

「もし、子どもが高校に受からなかったらどうしよう」

これなどは、子を持つ親には共通の心配事といえます。ふとした瞬間に、ふと心配がよぎる。これは誰にでもあることで、次の瞬間には「今晩、高校受験についてもう一度、子どもとよく話し合ってみよう」と気持ちに決着がつけばいいのですが、「最悪、滑り止めだけ受かったとして、果たして楽しく高校に通えるのかしら。嫌々通うようなことになったら成績も下がるだろうし、お友だちもできないかもしれない……」。こうなると話は変わってきます。

人間、生きていれば、さまざまな感情が湧き上がってきて当然です。心配する気持ちもそのひとつで、心配そのものが悪いわけではありません。

心配事がある。その解決のためにこれをしよう。原因と結果が結びつき、そこで完結している分には何も問題はないのです。

問題なのは、そこに執着が生まれてしまうこと。受験が失敗するとも決まっていないのに、成績や友だちの心配までし始めたら心配事に終わりがありません。ポッと湧き上がってきた感情から派生して、ああでもない、こうでもないと考え始めてしまう。それを禅では、「執着」といいます。

心配することが苦ではなく、執着が苦を生むのです。

人生100年といわれる時代ですが、悠久の歴史から見た100年なんて、定規で示せばわずか数ミリ程度のもの。この貴重な人生の時間を、自分の頭が描き出した「妄想」により、自ら苦しみを引き寄せていては実にもったいない。そうは思わないでしょうか。

あらゆる現象はすべて心がつくり出すもの、という意味の「一切唯心造《いっさいゆいしんぞう》」という言葉があります。

同じ雨でも、農業に従事している人にとって恵みの雨となる日もあれば、河原でバーベキューを予定していた人にとっての雨ははた迷惑なだけ、ということもあるでしょう。いつもは耳に心地いい鳥のさえずりでさえも、イライラしている日には雑音に聞こえることさえあります。

起きている事象は誰にとっても同じ。異なるのは、その人の心模様です。

心模様は自分次第でいかようにも変えられます。

今と状況は何ひとつ変わらなくても、あなたは今のままで、苦しみから解放され、幸せにだってなれるのです。

禅の習慣3

心配事の9割は、あなたの心がつくり出した幻。「なるようになる！」の一言で解決する

どうしたら心配事を手放せるのか。そのヒントとなる逸話があります。

だるまさんの愛称で知られる中国禅宗の開祖である達磨《だるま》大師は、ある日、修行をしていた弟子の慧可《えか》大師に「心配で落ち着かないので、この心配を取り除いてください」と頼まれます。そこで達磨大師は、「その心配をここに差し出したなら、取り除いてあげよう」といい、これを聞いた慧可大師は、ハタと気づきます。

「そうか。心配は心が生み出したもので、実体はないのだ」と。

そうです。心配には実体がないのです。

考えてみると、実体のないものにずいぶんと多くの時間をとられているものです。別の見方をすれば、心配に心を奪われている間は、〝今〟を見る目は完全に留守になっています。

何か心配事があると、それこそが一大事だとばかりに日常を置き去りにして右往左往しがちですが、白隠《はくいん》禅師（江戸時代中期の禅僧。臨済宗《りんざいしゅう》を復興させた）の師である正受《しょうじゅ》老人は「一大事とは、今日只今《ただいま》の心なり」とおっしゃっています。今、この瞬間に意識を集中することこそが、一大事であるという意味です。

禅は、常に今に焦点を当て、今の連なりが現在であると考える〝ing〟の思想です。常に動き続ける今に心を寄せる練習を重ねることが、心配を手放し、幸福を引き寄せる近道です。

禅は一つのところにとどまることを嫌いますが、心配に心奪われた状態は、答えが見つからないだけに長くとどまってしまいがちで、まさに身動きがとれません。そのとらわれてしまった場所から自分を解放してあげるためには、ひとまずでいいから、答えを出してしまうことです。

魔法の言葉は「大丈夫」「なるようになる」。実際にそう口に出して、未来のことはそれ以上考えないクセをつけます。

なるようになる。なるようにしかならない。そうやって心配事を手放せば、未来に向けていた視線が現実へと引き戻されて、嫌でも目の前にあるモノ、コトに焦点があってきます。

今が生きる中心にきたとき、人生への向き合い方そのものに変化があるはずです。期待してください。

禅の習慣4

「今、この瞬間」に、悩むことなど一つもない。あなたは呼吸をして、本をめくっている

無常。この世にあるもの、形あるもの、意識、感情はすべて移り変わり、一瞬として同じ時はなく、何一つ同じものは残らない。この世は常に移り変わっていく。この意識を持って世の中を眺めてみれば、今という時間の尊さに気づくことができます。

時間というのは、一瞬一瞬の点のつながりでしかなく、それが一本のラインのように見えているだけです。次の「点」を一つずつ、眺めてみてください。

・・・・・・・・・・・・・・・・・・・・

この点を目で追っていた一瞬は、もう二度と戻ってこない一瞬であり、今この瞬間にも私たちは次の一瞬を迎えています。

あなたは今、この瞬間、呼吸をしています。

あなたは今、この瞬間、本を読んでいます。

そしてそれらの〝瞬間〟は戻ってきません。

私たちは時間という概念の中を生きていますが、そこにもう一歩踏み込んでみると、点の上に生きていることがわかります。

一瞬という点には、一つとして同じものがない。この点を一瞬との出会いと考えれば、これは究極の一期一会《いちごいちえ》なのです。

この一瞬を共にすごしている人との時間、この一瞬を費やしている仕事、食事。すべて一期一会と思えば、どの一瞬もムダにしたくないという意識が働くことでしょう。どの瞬間もプラス思考で考えようとするでしょう。

もしかしたら、この一瞬を心配事に費やしてしまい後悔するなど、マイナスの感情にとらわれることがあるかもしれない。しかし、それも一期一会。そこから何かを学びとろうと、禅では働きかけます。

この貴重な一瞬を、ありもしない未来の妄想に費やし、心配事で心を痛めてしまった。そう気づくことができたなら、次の機会には、心配事にこの一瞬を捧げるのはもったいないと思えるかもしれません。たとえ未来に何が起ころうとも、「今、この瞬間」においては、悩むことなど何一つないのです。

どうあがいたって、なるようにしかならない。そんなポジティブな心構えも必要かもしれません。

無常というと、桜の花びらが散る、枯れる、老いるなど、切なさやはかなさばかりがクローズアップされがちです。しかし、無常のポジティブな面に目を向けてほしいのです。

世の中は無常だからこそ、私たちは成長できる。無常だからこそ、どんなにひどい状況にも終わりがくる。無常だからこそ、人生はドラマティック。無常だからこそ、すべての感情は一時的なもの。

無常をポジティブにとらえることが、人生を好転させる原動力になります。

禅の習慣5

過去も未来も大切にしない。毎日を「赤ん坊の心」で生きる

長く生きていると、「自分はこういう性格」「昔も同じような失敗をした」といったように、物事を自分の経験値で見てしまいがちです。

もちろん、その人が歩んできた過去は、その人を形成している何事にもかえがたい人生の宝だといえますが、過去にしばられてしまうと、今を生きるのが難しくなってしまいます。

「私は優柔不断だから、引っ越し先のご近所付き合いがうまくいかないかも」

「私は根気がないから、次の職場も合わないかも」

などと過去を基準に物事を考えてしまうと、心配事のスパイラルに陥《おちい》ってしまいます。

たとえ過去に同じような失敗をしていたとしても、今現在も同様に失敗する理由はどこにもありません。過去の記憶を捨てるわけにはいきませんが、それに執着してしまうと、心配事の種をどんどん増やしてしまうことになります。

ブッダは次のように教えています。

「過ぎ去ったことを追ってはならない。未来のことについて夢のような考えを持ってはならない。みんなそれぞれの時間が決まっている。

だからあっという間に過ぎていくもの、瞬《まばた》きをする間になくなっているところのもの、つまり現在のみをよく観察するべきだ」

私は毎日を「新しい心」で生きるように心がけています。「新しい心」とは、過去や未来にとらわれない、「赤ん坊の心」といったところでしょうか。

「赤ん坊の心」で生きるのを習慣にしていると、生きていることに自然と感謝の気持ちが湧いてくるから不思議です。朝、目を覚ましたときに、「生きている!」と新鮮な気持ちで毎日を送ることができるのです。

公園の木々が青々しく茂っているのを見て感動したり、心地よい風に吹かれて生の喜びを感じます。過去というフィルターを通さず世界を見ると、世の中はこんなにも美しいものに溢れているのかと毎日が発見の連続です。

生まれたばかりの赤ん坊が、さまざまなものに興味を抱くのと同じかもしれません。

雨が降って「嫌だな」と思うのは、過去の経験と重ね合わせて今日の雨を見ているからです。雨の日も、風の日も、「日々是好日《にちにちこれこうにち》」。天気に優劣はありません。今日という一日にいいも悪いもありません。

今日という日を目に映るまま、ありのままに受け止めていれば、毎日が好日となるのです。

「赤ん坊の心」で出会った毎日のルーティンは、あなたの視点を「今」に引きもどし、今をとても新鮮で輝かしい瞬間にしてくれるのです。

禅の習慣6

これまでの人生で培《つちか》ってきた、「経験」という名のレンズを外す

禅語に、「柳《やなぎ》は緑　花は紅《くれない》」というものがあります。「当たり前のことしかいっていないじゃないか！」と思ったあなたは正しいのです。

禅は、目の前の光景を脚色せず、ありのままに見ることを大切にします。「それならば簡単！」と思ったあなた、今度は残念ながら間違いです。

私たちはこれまでの人生で培ってきた、知識や経験という名のレンズを持っています。何かを見るときにも、無意識にこのレンズにピントを合わせ、自分の都合がいいように解釈してしまいがちです。

心配などはそのいい例でしょう。自分が誰かのことを話題にするときにひそひそ話をした経験があるから、ほかの人がひそひそ話をしているのを見て、自分のことをいわれているのではないかと不安になるのです。

メールの文面に必要以上に神経を尖《とが》らせるのは、自分がメールを受け取った際、表現が少しそっけないと感じただけで、何か悪いことをしたのではないかと不安になるからです。

柳は緑、花は紅。柳を見たときに、青々とした葉の美しさに目を止める人がどのくらいいるでしょうか。柳は緑と思う前に、レンズが過去にピントを合わせ、「柳といえば、そろそろお化けの季節だな」などと思いはしないでしょうか。

目に映ったままを見るというのは、簡単そうに見えて、案外難しいのです。でも、これができるようになると、森羅万象《しんらばんしょう》、世の中にあるすべてのものが先生になります。

花は紅。紅い花が咲いている。その事実こそが真理です。「この紅い花は、もっとも美しい瞬間を見せてくれている。けれど、この美しさも永遠には続かない」。そんな気づきが、この世が無常であることを教えてくれます。

「花の紅がこうして美しく見えるのは、葉の緑があってこそ」と思えば、この世はそれ一つで完成することはなく、何かの支えがあって、何かの縁があって、成り立っているのだなと考えることができます。

禅の考え方に触れることは、心の受信装置の感度を上げること。そうとらえていただくと、わかりやすいかもしれません。

ありのままに見る。まず、ここにチューニングすることがスタートで、ありのままの姿から真理に気づくことを繰り返すうちに、受信装置の感度はどんどん高まっていきます。

世の中のすべてが先生であり、その教えは受け取る人によって幾通りにも姿を変えます。そう考えれば、この世はいかようにも生きられます。受信装置の感度が高まれば一つのレンズに偏《かたよ》ることなく世の中を見られるようになり、やがて、心配の芽が生まれる機会もうんと減ることでしょう。

禅の習慣7

すべての苦しみはシャボン玉。いつか必ず壊れて消えると心得る

心配事に限らず、怒り、恐れ、不安、焦り、憎しみ、嫉妬といった感情は、仏教ではすべて苦ととらえます。感情そのものが苦なのではなく、その感情に執着してしまうことこそが苦です。

苦にとらわれているとき、人はトランス状態にあります。日本でトランスという言葉を使うと、極限まで自己を追い込んだり、あるいは、薬などの力を借りて異次元へトリップしたりという印象を持たれるかもしれません。

しかし、トランスを直訳すれば「いつもとは異なる精神状態」という意味で、誰かの発したひと言に心がかき乱されているときも、悲しみに引き込まれて心が閉ざされているときも、どちらもトランス状態ということになります。

苦の感情に心が振り回されトランス状態になるとするならば、裏を返せば、穏やかで安定した状態がスタンダードであるといえます。人間の感情は安定がデフォルトセッティング（基本設定）だからこそ、苦がトランス状態を生むのです。
私たちは、苦という感情に心ならず体全体まで、私という人間が丸ごと支配されてしまっていると思ってしまいがちです。しかし、私のイメージでは、体全体は常に安定という薄紙に包まれていて、苦が湧き上がってきたときには、シャボン玉のような球体が顔の斜め前あたりにポッと浮かんでいるだけのこと。

苦に執着すれば、シャボン玉はますます大きく膨《ふく》らむかもしれませんが、体を覆《おお》いつくすことはなく、必ず、いつかは消えてなくなります。あ、そこにいるのね、と感情を受け止めて執着しなければ、早々に消えていきます。

いずれにしても、ずっとそこにあり続けることはなく、いつかは消えてなくなり、デフォルトセッティングである安定だけの状態に戻ります。

この世は無常で、一瞬として同じ時間はありませんし、永遠もありません。時は常に移り変わり、人間の心も変化していきます。

電車でも車でも、長いトンネルを走っているときは、途中の景色がほとんど変わらないように思えますが、やがて小さな光が見えて出口へとたどり着きます。

何か心配事があるとき、永遠にその状態が続くのではないか、自分はそこから逃れられないのではないか、このトンネルに出口はないのではないかと思ってしまうかもしれませんが、明けない夜はないように、終わりのない苦もありません。

だから、どれだけ苦に悩まされ、とらわれそうになっても、恐れることはありません。苦の感情がある、今はトランス状態にある。その現実をあるがままに受け止めるだけでいいのです。

禅の習慣8

心の免疫力を鍛えて、誰にも振り回されない生き方をする

「Let it go（レット・イット・ゴー）」。直訳すると、「もう気にしない」とか、「手放そう」というような意味ですが、映画『アナと雪の女王』の歌の歌詞で有名になったように、「ありのままで」と考えてもらっても問題はありません。

前にも書きましたが、感情に執着することが苦を生むので、日々、湧き上がる感情に対しては「レット・イット・ゴー」の姿勢がいちばんです。

禅の修行では「無になる」ことを教えていますが、修行道場に入った22歳の頃から今日まで、私は無になれたことはありません。今だからいえますが、修行中に坐禅《ざぜん》を組んでいたときは、もうすぐフラれそうな彼女とのやり取りをイメージトレーニングして、近く訪れるであろうその日に備えていました（失笑）。

後日、本当にフラれたのですが、イメトレの効果は絶大で、彼女に「なんでそんなに落ち着いているの？」と聞かれるほど、平穏な気持ちですごせました。

一緒に修行している仲間には、頭の中で碁《ご》の対局をしているという人もいましたし、とにかく人は、何も考えないでいることが無理なのだ、というのが私の気づきであり結論です。

人間が生きている以上、目に映るものを見て反応し、ふと心配が胸をよぎり、寝ているときでさえ脳は働き、夢も見ます。無の状態は、命尽きたとき。感情や思考が湧き上がってくるのを止めることはできません。

しかし、その感情や思考にとらわれないことが、心を安定に近い状態に保つためには必要です。そのための「レット・イット・ゴー」なのです。

感情や思考は、水を注いだときにできるあぶくのようなもの。姿を見せるのは一瞬で、本来であればすぐに消えてなくなります。それなのに、私たちはわざわざあぶくをすくい上げ、消えないようにあれやこれやと手を尽くしてしまうからややこしくなる。わざわざ、自分でややこしくしているのです。

「メールの返信がこないな。何か気に障《さわ》ることしたかな」。ここで、「でも、すぐに返信できないこともあるか」と考え、レット・イット・ゴーできれば心配事の種は芽生えません。もし続けて、「あの表現が悪かったのかな。ちょっと責めるような感じが出ちゃっていたかな」と考えても、「返信を待って、それで判断しよう」とレット・イット・ゴーできればいいのです。

最初は無理やりでも、習慣にしていくうちに、これが自分の思考のクセとして定着してきます。体の筋トレと一緒で、習慣化させるのが大事です。

筋トレを続けて少しずつ筋肉がついていくと同時に、それによって基礎代謝が上がれば免疫力が高まっていき、風邪をひきにくくなるなど、病気を遠ざけることができます。

これと同じで、レット・イット・ゴーを習慣化させることで「心の免疫力」も上げていくことができると私は考えます。

何が起きても動じず、他人に振り回されない生き方をしている人は、「心の免疫力」が高い人、ともいえるでしょう。

心配や不安といったネガティブな感情にとらわれそうになっても、「心の免疫力」がついていれば、手放すことが容易になります。以前なら心配しすぎて何日も寝込んでいたけれど、心の免疫が上がっていくことで、一日寝れば回復し、それが瞬間的な発熱で済むようになり、そのうち自然と「レット・イット・ゴー」できるようになっている。そんなイメージです。

60歳、70歳になっても筋トレの効果はあるように、「心の免疫力」も年齢に関係なく、誰でも鍛えることができます。

湧き上がってくる感情はコントロールできなくとも、それをあっさり手放すという形でコントロールしていくことができるようになります。

レット・イット・ゴーの利点は一つの感情に執着しないことに加え、今ある感情を手放すことで、次の気づきや感情を受け入れる余白が生じることです。

一つの感情にとらわれて長く持ち続けることは、新しい自分と出会う機会を奪ってしまいます。

常に新鮮な自分であるために、あるがままに感情を受け止めて、どんどん手放していきましょう。

禅の習慣9

自然とのつながりを感じながら、「孤独な時間」の自分を味わう

森羅万象が先生である。これを仏教では「法身説法《ほっしんせっぽう》」といい、森羅万象のすべてが、そのまま説法であると教えています。

植物に限らず、空から落ちてくる雨、小鳥のさえずり、自然界の現象に限らず、今手にしているこの本、人との出会い、この世に存在するすべてのものから私たちは気づきをもらいます。

日本には春夏秋冬の四季があるように、人生にも春夏秋冬はあって当たり前。決して、いいときばかりではありません。

しかし、人生の荒波にもまれているときも、吹き荒れる嵐の中でもがいているときも、夜空を見上げればそこに月はあります。あの月こそが本来の自己と思えば、「大丈夫。私はどこにも行かない。ここにいる」と、強い心を保てます。

森羅万象が教えであり、答えである。まるで禅問答のようですが、みなさんにも、こんな経験がないでしょうか。

花のお寺とも呼ばれる鎌倉のあるお寺の和尚《おしょう》さんのもとに、あるとき、悩みを抱えた男性がやってきました。男性の胸の内を聞いた和尚さんは、「わしに答えはようわからんから、そのへんでゆっくりしていきなさい」と庭を指差しました。

その寺の庭園は、世界遺産に指定されている京都の苔寺《こけでら》や天龍寺の庭園を手がけた、夢窓国師《むそうこくし》（夢窓疎石《そせき》）によって作られた立派なもの。男性は和尚さんにいわれた通り、朝から夕方まで庭を眺めてすごしました。日も暮れかけた頃、「和尚さん、答えがわかりました」といって、寺を後にしたそうです。

私にも似たような経験があり、寺を訪ねてきた40代後半の女性が、夫を亡くし、仕事も失い、生きているのが嫌になったというので、「とりあえず座りましょう」とうながして、しばらく一緒に庭を眺めていました。

小一時間すると、その女性はすっくと立ち上がり、「もう大丈夫です」と、清々《すがすが》しい笑顔で帰っていかれたのです。

和尚さんも私も、何も言葉は発していません。答えを教えてくれたのは、目の前に広がる庭であり、自分だけの時間です。ただ眺めている間に、何がヒントになったのかはわかりません。けれど、どんなに弱っているときでも、人は自然から気づきをもらうことができ、自分で答えを見つけることができる。

私たち人間は、森羅万象の一部であると実感できたとき、本当の安心感を抱けるのかもしれません。そのことを、この二つのエピソードが教えてくれていると思います。

心に迷いがあるとき、不安に押しつぶされそうなとき、海でも山でも近場の公園でも、どうぞ、ボーッと自然を眺めに行ってください。

禅の習慣10

「吐く」を意識する深呼吸で、何事にも動じない「心の床の間」をつくる

和室にしつらえられた床の間を見て、「なんのためにあるのかな？」と考えたことがある人もいるでしょう。

床の間は、ひと言でいえば、和室の余分な場所です。この余分があるからこそ、落ち着きと穏やかさが生まれます。

イメージしてみましょう。部屋の四面はすべて壁で、逃げ場はどこにもありません。どれだけ掃除が行き届いていても、明るい色のペンキが塗られていようとも、壁に海の絵が掛けられていたとしても、息がつまるような感覚はずっとついてまわります。

では、その部屋に床の間をつくってみましょう。それだけでなんだかホッとして、心にゆとりが生まれないでしょうか。

抹茶茶碗も同じです。寸分の狂いもない正円で、焼き物特有の凹凸さえも規則正しく整っていたら、味わいがなく、つまらないと感じるはずです。少し形がいびつであったほうが温もりを感じ、心が満たされたように感じるものです。

人間も同じです。四角四面に物事をとらえ、みんなと一緒でなければと思い、社会の目やルールに縛られた生き方をしていると、逃げ場がなくなり、心が押し潰されそうになって当たり前。心にも、床の間が必要なのです。

心配事を抱えていたり、何か切羽詰まった事情があるときはそのことで頭がいっぱいになり、誰かに声をかけられても気がつかないなど、周りが見えなくなってしまいがちです。

余裕を失ったときにこそ、心に床の間です。

深い、深い、深呼吸を一回。歩きながらでも、立ち止まっていても、電車の中でも、場所はどこでもかまいません。

鼻からゆっくり吸って、吸った倍の時間をかけて、ゆっくり吐き出します。吐き出したとき、気が下に降りていって、心が静まるのを感じるはずです。これで少し、心に床の間ができました。

さらに心配事でモヤモヤしている気持ちを落ち着けたいときには、吸う息と吐く息に意識を集中して、もう一回深く深呼吸を。「今、息を吸っている」、「今、息を吐いている」という気づきが、自分が生きているという実感を与えてくれます。

あるいは、深呼吸によって外から空気をもらい、自分の中にあった空気を外に吐き出すことで、自分は一人ではない、自然とのつながりを持っているんだと、再確認してみるのもいいでしょう。

深呼吸を一回。禅の世界ではこう教えてはいませんが、これが、もっともミニマルな坐禅だと私は思っています。心配や不安に押しつぶされそうなとき、まずは深呼吸をする習慣を持ちましょう。

かくいう私も、ことあるごとに深呼吸のお世話になっている一人です。

恥をさらけ出しますが、この2日間、朝から深呼吸しまくっています（笑）。心配事の種は、1週間後に控えた学会で発表予定の論文で、まだ最初の一行すら書けていません。いやぁ、本当にマズイです。困っています。

この先のスケジュールを考えると、夏休み中の娘たちと遊びに行く約束、講演などの仕事、打ち合わせなどで予定はぎっしり。だから、余計に気持ちは焦ります。

しかし、焦ったところで何かが変わるわけでもありません。だから、気を落ち着けるために、何度でも深呼吸をします。

そして、論文を書き終えた後の自分をイメージします。笑顔で気持ちも晴れ晴れ。爽やかに伸びの一つでもしているでしょうか。

「これまでの人生も、なんだかんだといって、ちゃんと仕事は終わらせてきたじゃないか。大丈夫」

「焦っても何も始まらない。今できることは何か」

そんなことを自分に言い聞かせ、深呼吸しながらイメトレをすると、ひとまず焦る感情を脇に置いておくことができ、今やるべきことにまっすぐ向き合えます。

結果的に、これがほかの仕事を早く、しかも効率よく終わらせることにもつながり、どこかで論文を書く時間を捻出できるようになるのです。

大丈夫。心に床の間がある限り、物事はよい方向へと進みます。

禅の習慣11

歩くときは、
「歩くこと」に意識を向ける。
すると、
不安や後悔は心に居場所をなくす

心が不安感にとらわれたとき、その感情に執着せず、パッと気持ちを切り替えるのに役立てていただきたいのが「歩く瞑想」です。禅では経行《きんひん》といい、もともとは、坐禅中に滞った下半身の血液の循環をよくするために行っていたものです。

歩く瞑想のいいところは、どこにいてもできることです。外出先で嫌なことに遭遇し、気持ちを切り替えたいときはうってつけですし、屋内にいてもトイレまでの数歩という短い距離に意識的に取り入れるだけでもずいぶん違います。もちろん、長い距離を歩ける環境であるのならば、ご自分の気持ちが落ち着くまで、疲れない程度に歩き続けるのもいいでしょう。

歩く瞑想の基本は、足に意識を集中することです。地面を蹴り上げてから着地するまで、右、左、右、左、全精神をその一歩に集中して歩きます。

私がそのとき思うのは、まず、自分は歩いているという事実だけを受け止めること。それができたら次に、蹴り上げた足が感じている地面の感触、ふくらはぎの筋肉の伸び縮み、かかとから指先まで順に地面についていく感覚に意識を向けます。

少し歩いたら、一度、人気の少ないところで立ち止まります。そこで1〜2分程度、深呼吸を繰り返します。

わざわざ一度立ち止まることで、自分の足と地面がくっついていることが、より明確につかみ取れるようになります。ある意味、この地球と自分が一体化していることに気づくのです。

「独《どく》坐《ざ》大《だい》雄峰《ゆうほう》」という禅語があります。ある僧が唐の禅僧の百《ひゃく》丈《じょう》懐《え》海《かい》に「この世で最も素晴らしいことは何ですか」と尋ねたところ、「この山にこうしてどっかり座っていることだ」と答えたといいます。

つまり私たちは、この地と一体となっている、「今、ここにいる」という気づきを得ている自分がいちばん幸せなのです。人間は寂しがりやなので、しっかりとしたつながりを実感するだけで、それが安心感となります。

これらの気づきが次第にざわついた心を整理してくれるでしょう。再び歩き出せば、先ほどとは目に映る景色、匂い、音、五感を刺激するすべてに敏感になっているはずです。

極論をいえば、ただ歩くだけで悩みが解消される。そんなふうにもいえます。

禅の習慣12

忙しいときほど心を整えて、耳を澄ませて、音に集中してみる

忙しいという字のごとく、心を亡くした状態になると、小さなことでイライラしたり、人に当たったり、ネガティブなグチまで増えてしまいがちです。
さらには、人にも自分にも心を配ることができなくなり、そんないっぱいいっぱいになっている自分のことは自分自身がいちばんよくわかるので、余計に心がクサクサして、負のループへと引き込まれてしまいそうになります。

こんなときにこそ、「深呼吸」や「歩く瞑想」です。

忙しいときは心のザワつきも大きいもの。深呼吸や歩く瞑想で心を鎮《しず》めようとしてもなかなか集中できず、落ち着きを取り戻すのに時間がかかってしまうかもしれません。
そこで、忙しさで心を亡くしかけている方に、忙しいからこそ少しでも早く、心を落ち着けるためにできる裏技をご紹介しましょう。

深呼吸のときも、歩く瞑想のときでも、音に意識を向けます。

私たちはいろいろな音に囲まれていますが、そのほんの一部しか耳に入ってきていません。まして忙しいときは音に意識を向けないため耳に入ってこないのです。ですから、忙しいときこそむしろ耳を澄ませてみましょう。

今、この本を手に持ったままでいいので、音に意識を向けながら、吸う息の倍の時間をかけて息を吐く、深い深呼吸をしてみましょう。

いかがでしたか。本を読んでいるときには気づかなかった音が聞こえてこなかったでしょうか。

外を走る車の音、エアコンが稼働する音、自分の呼吸の音、小鳥のさえずり、人の声、赤ちゃんの泣き声……。

何か音が聞こえたら、「快」「不快」「いい」「悪い」などのジャッジはせず、それをそのまま受け止めます。

受け止めた後、心を落ち着かせてくれる気づきや新たな感情がポッと浮かんでくることがあります。それで、いいのです。それが、大事なのです。

根を詰めた作業の後にう〜んと伸びをしたとき、ハァ〜とため息をついたとき、パソコンが立ち上がるまでのちょっとした空白の時間。

どれほど忙しいときでも30秒〜1分くらいの時間は見つけられるはずです。そんな忙しい日々のすきま時間に、深呼吸とともに周囲の音に耳を傾ける時間を持ってみましょう。

禅の習慣13

心を全開にして食事をしてみよう。
五感を研ぎ澄ませた食事が、
生の喜びを教えてくれる

生きている以上、思考を止めることはできず、湧き上がる感情を無視することもできません。「私は今、こう思い、こう感じている」。事実をありのままに受け止めればよいとわかってはいても、心をかき乱されるような出来事に遭遇する日もあれば、小さなことでイライラしてしまう日、クヨクヨしてしまう日、いろいろな毎日があります。

大切なことは、どう気持ちを立て直すか。できることならば、あまり時間を置かずに立て直せるようになりたい。なぜならば、人は穏やかな状態が基本設定であり、人生に穏やかな時間が増えるほど幸福感が増すからです。

私は〝心の筋トレ〟と呼んでいますが、体と同じように心も鍛えることができます。

そのときに役立つのが、深呼吸であり坐禅です。そしてもう一つ、毎日必ずいただく食事の時間も、心を鍛えるチャンスです。

「食べる瞑想」といいますが、毎食となると面倒な気持ちが芽生えますし、忙しい日々の中では一日一食で十分ですので、その一食だけは食べることにのみ意識を向けます。

テレビ、ラジオ、パソコン、スマホ、タブレット、スピーカー。電子機器はすべてオフにします。

目の前に並べる食事はどんなものでもかまいません。一人の時間が持てるならば外食でもいいのです。わざわざ質素なおかずを用意するよりも、いつも通りの食事です。わざわざ用意していては、食事の準備をすることのほうが面倒になり、食べる瞑想を生活に根づかせることができません。

やはり、筋トレもそうですが、週1回のトレーニングでは、よくて現状維持。週2~3回でようやく効果が見えてきます。負荷の少ない筋トレであれば毎日続けるのが効果的なように、坐禅や食べる瞑想も毎日続けてこそ、大きな気づきとなって自分に返ってきます。

目の前に並んだ食事を眺め、その食材がどういう過程を経て自分のもとに届いたのかを考えましょう。

ひと口を味わって食べましょう。

やることは、これだけです。でも、食事が終わるまで、暇な時間はありません。ほうれん草のおひたし一つとっても、土作りをする人がいて、種を育てる人がいて、毎日のお世話をする人がいる。太陽の光、水、土の栄養、ほうれん草が育つのに必要だったものすべてに感謝し、配送に関わった人、調理してくれた人、思いを巡らせれば終わりがありません。

たくさんの人の想い、努力、働きによって自分は生かされている。自分は一人きりではない。こんなに多くの人の支えによって毎日を生きている。

そんな、忘れてしまいがちだけど当たり前で大切なことを、食事が思い出させてくれます。

食事が人とのつながりを感じさせてくれるから、この一回の食事で、私たちは元気になれます。

ひと口を味わうことによって、甘味、苦味、少しのエグ味なども感じるかもしれません。このひと口の栄養が全身を巡って自分を元気にしてくれる、そんなイメージが広がる日もあることでしょう。

いずれにしても、おいしい食事は元気の源で、大切なもの。

一日一食、感謝の時間を持つ。私たちは森羅万象とつながっており、森羅万象によって生かされていることに気づきます。人生が変わるきっかけとしては、十分です。

第二章

心の整理整頓で
どんな不安も消えていく

禅の習慣14

私たちの心は泥水の入ったコップ。静かに置けば自然と視界が広がり答えが見つかる

心配、不安、焦り、悲しみ、嫉妬、怒り。湧き上がってきた感情に振り回されたり飲み込まれたりしそうなときは、これからお伝えするコップの話を思い出してください。

透明なコップに水と土を入れ、箸《はし》でグルグルとかき混ぜた様子をイメージしてみましょう。かき混ぜた途端にコップの中の透明度は失われ、コップを目の高さまで持ち上げ、どの角度から覗き込んでみても、中に何が入っていたか判別が難しくなります。

ここで一度、平らな場所にコップを静かに置いてみましょう。かき混ぜられて渦《うず》を巻いていた泥水は、少し待っている間に少しずつ波が静まっていき、落ち着きを取り戻します。

そして、時間が経つとともに、重たいものは下へと沈んでいき、コップの中身がはっきりとわかるようになります。

このかき混ぜられた泥水こそが、私たちの心の状態です。

私たちの日常はいつなんどきも感情とともにあり、手放すにしろ執着するにしろ、湧き上がってくる感情に対処することを繰り返しています。

つまり、私たちの心は、かき混ぜられたコップの中の泥水のように混沌《こんとん》としているのです。

いつも泥水のままで視界がクリアになる瞬間がなければ、自分の本心がどこにあるのか、何を大切にしたいと考えているのか、湧き上がった感情の何に反応して心が乱されているのか、わからなくて当然です。

だから、いったんコップを置き、心を鎮めることが必要なのです。

実は、このコップを置くという動作こそが、坐禅です。

坐禅のやり方はいくつかありますが、基本となるのは、坐禅という字の通り安定した土（大地）の上に座ることです。

まずは座って、コップを置くのと同じように、心を落ち着けます。心の波が穏やかになってくると、コップの中身が水と土であったとわかったように、自分は今いちばん何が気がかりであるのかや、何を思っているのか、何を心配しているのか、といったことがわかってきます。

さらに、中身は何かと覗き込むと、泥の中には枯葉や小さな虫が混ざっていたことにも気づきます。日常では見落としていた、自分の本当の気持ちに出会うようなイメージです。

心が混沌とした泥水のときには見えなかったものを見ようとする。これが、坐禅です。

私は授業や講演の際、坐禅を身近に感じていただきたくて、坐禅の説明にこのコップの例を引き合いに出すことがよくあります。

かつてこの話を聞いた女性から、最近になり、「実はあのときコップの話を聞いてから、とても気持ちがラクになったんです」と打ち明けられました。ふと不安がよぎったとき、イライラしたとき、悲しいとき、強い感情が押し寄せてきたときに「大丈夫。私は今、泥水の中にいるだけ」と思うことで気持ちが落ち着き、感情の暴走を防げるようになったといいます。

感情のコントロールはできる。それが真実だと教えてくれるエピソードです。

今は情報の流れるスピードも速く、すぐに答えを求めようとしてしまいがちですが、静かにコップを置いたら、答えが出るまでそのままのんびり待ちましょう。

坐禅がすべてを教えてくれるわけではありません。坐禅をし、自己と対話することによって心が整理され、他者とのつながりを感じ、自分自身や自分の人生を大切にできるようになっていきます。

それには、少し時間のかかることもあります。少しずつでよいので、続けることが大事です。今、ほしい答えが、あとになってわかることもあります。

答えになかなかなかな出会えないときは、泥水の土の分量が多いのかもしれない。そんなふうに考えて、コップの中身がクリアになるのを気長に待ちましょう。

禅の習慣15

あなたを平穏に導く、毎日2、3分の坐禅のやり方

日常の中では、深呼吸や歩く瞑想が取り入れやすいと思いますが、本格的な坐禅に興味がある方に向けて、少し説明をしておきましょう。

前述したように、「坐禅」という表記に使う「坐」という字は、土の上に人が二人向き合っている姿を表しています。座った姿勢で大地とのつながりを感じ、自我と自己が向き合う姿そのままです。

二種類の坐禅瞑想を紹介します。

【サマタ瞑想】
コップの話を思い出してください。泥水で濁ったコップを平らな場所に静かに置き、泥と水の区別がついてきた状態をサマタ瞑想と呼びます。
心が落ち着きを取り戻し、自己と向き合う準備が整います。

【ヴィパッサナー瞑想】

心の落ち着きを取り戻し、コップの中身は何であったのか、泥の中に枯葉や小虫を発見したように、洞察・観察をしてくことをヴィパッサナー瞑想と呼びます。

一切の判断をせず、湧き上がってくる感情、目に映るもの、耳に入ってくる音、鼻に感じる匂い、ありのままをそのまま受け止めます。

「そういえば、手紙を投函するのを忘れていたな」、「お、いい匂いがした」、「どこかで工事でもしているな」。感じたことを感じたままに、ただ、受け止めます。瞬時の気づきを大切にします。

「ポストはどこにあったかな。あの道を通って帰れば……」、「この匂いなんだろう。柑橘系かな」、「工事の音がうるさいな」と思うと、それは執着になります。深追いはせず、ただ、感じるだけでいいのです。

執着してしまうと、執着のスパイラルに陥ります。

また、瞬時の気づきは、「今、私はここにいる」「今、生きている」という気づきも与えてくれます。

心がザワついた状態では気づかなかった姿かたち、音、匂い、それらに気づくことが坐禅に集中している証であり、脳がクリエイティブな状態になります。余談ですが、マインドフルネスでは、この状態を求めます。

では、次にやり方を説明していきましょう。

ここでは、誰もがハードルを感じずに取り組めるよう、より簡易的な方法でお伝えしていきます。

【姿勢】

足は、組みたい方、組める方は組みます。足裏が上を向くようにして右足を左の太ももの上に乗せ、反対の足も同様にします。これが難しい場合は片足を乗せるだけでもよいですし、あぐらをかくだけでけっこうです。足や腰の悪い方は無理をせず、椅子に腰かけましょう。

何しろ、ゆったりと座るのが基本です。

体を前後左右に揺らしたり振ったりして中心軸を作ります。体の中心が定まったら肩の力を抜き、背筋を伸ばします。右手を左手で覆うように重ねます。

【目線】

目をしっかり開けていても、完全に閉じていても、かまいません。開けている場合は1・5メートルくらい先を見るようにするといいでしょう。目を完全につぶると眠くなりやすいですし、半眼でもまぶたの重さに気づいて眠ってしまうことがあるので、気をつけましょう。

足はムリに組まなくてよい。
右手の甲に左手を重ねてラクな位置に

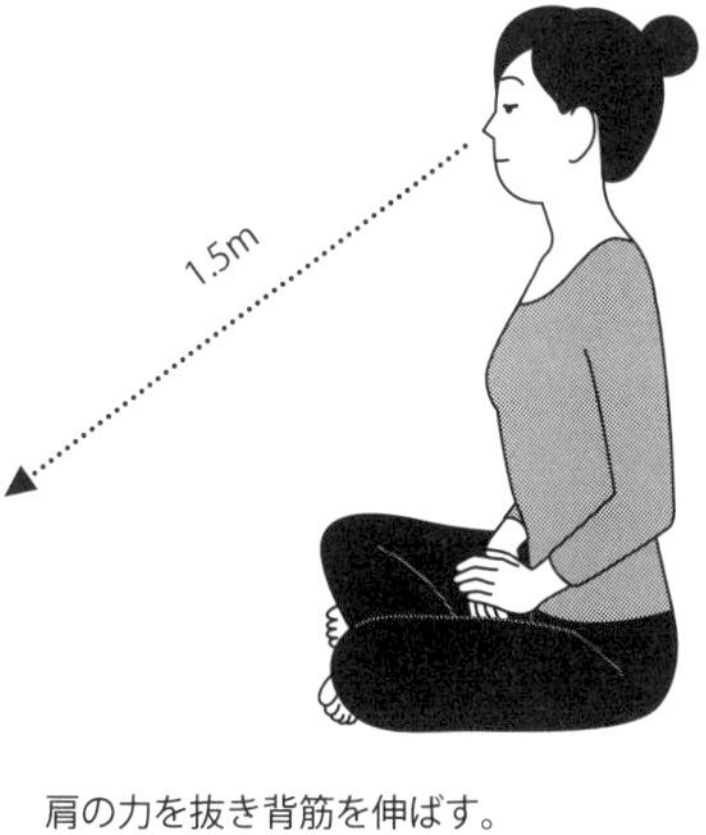

肩の力を抜き背筋を伸ばす。
目は軽く開けて、1.5m ほど先を見る

【呼吸】

姿勢や目線よりも大切なのが、呼吸です。

めちゃくちゃゆっくりな深呼吸をします。吸うときよりも吐くほうを大事に長くする。これが基本中の基本です。鼻から吸って、鼻から吐くようにしますが、鼻から吐くのが難しいときは、口から吐いてもかまいません。

もう少し本格的に取り組んでみたいという方は、心の中で「ひとーつ」、「ふたーつ」と数えましょう。「ひとー」で息を吸い、「つ」で息を吐きます。一回の呼吸に15秒くらいかけます。1～10まで数え、10まできたらまた1に戻ります。

【行う時間】

決まりはありません。私の場合は毎朝2～3分座るのを日課にしています。昼でも夜でも、毎日の習慣にしやすい時間に行うのがよいでしょう。

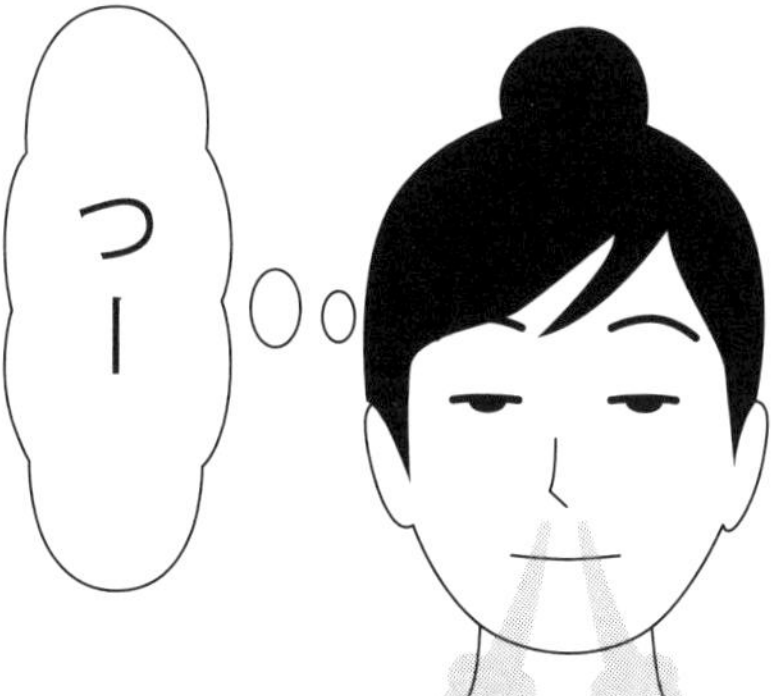

1回の呼吸は15秒ほど。
1から10まで数え、1に戻る

禅の習慣16

心配事で頭の中がいっぱいになったら、深呼吸して「心配している自分」を空から眺めてみる

幼稚園時代から続くママ友とのランチ会。最近は子どもの話題より旦那や姑《しゅうとめ》のグチばかりで、参加しても面白くないけど、話を合わせないとお高く止まっているとかいわれちゃいそうだし……。ランチ代もムダに感じてしまうけど、一人だけ参加しないわけにもいかないし、なんで来なかったのと聞かれそうだし。私が行かないことで子どもがイベントに誘われなくなったら困るし……。

ママ友の集まりに限らず、会社や地域などさまざまなコミュニティに属している以上、行事に〝参加しなかった自分の評価〟を心配して行動する場面がよくあることでしょう。

冷静に考えるまでもなく、そこに付いて回る心配事は、まさに自分が生み出した妄想にすぎません。

やはり人生は、自分が主人公であり、自分の時間を生きることが、日々のイキイキとした笑顔につながります。そのためにはどうしたって、強い気持ちと決断力、それを後押しする思考が必要です。

そのレッスンの第一歩として不可欠なのが、視点の転換です。

私たちが世界を見る見方は、そのまま、世界を経験する仕方です。世界の見方を変えると行動が変わり、自分を取り巻く世界も変わります。

視点を変えることは、難しくありません。この項の冒頭の例であれば、「〇〇だし」で延々とつながっていく、妄想という名の視点をストップします。そして、視点を上空にもっていき、上から自分を含めたランチ会のメンバーたちを眺めてみましょう。ちょうどテレビドラマを見ているように、「心配している自分」も、登場人物の一人にしてみるのです。

いつもこのメンバーで集まっているけど、そういえば旦那のグチをいっているのはHさんばかりだな。ということは、私はHさんの顔色をうかがって相槌《あいづち》を打っているっていうことかしら。確か、前回はSさんが欠席だったけど、誰もその理由を探ったりはしてなかったなぁ。いないからって悪口いわれることもなかったし、ましてやSさんの子どもをイベントに誘わないとかそんな低俗なこと、このメンバーなら誰も考えたりしないかも。

視点を上空に持っていき俯瞰《ふかん》して見るだけで、「自分」に執着していたときには気づかなかったことが見えてきます。

心配、不安、怒り、悲しみ、妬み。あらゆる感情に縛られそうになったときは、まず、視点の転換をすること。これを自分のクセにしていきましょう。

禅の習慣17

「もう一人の自分」と対話すれば、苦しいときもポジティブ思考になれる

この職場には優秀な人が大勢いて、自分が活躍する場がないかもしれない。

あの人と一緒に暮らしていても、幸せな未来を描けない。


こんなふうに一瞬でも思うと心は沈みますが、自分が沈ませた心を引き上げられるのも、やはり自分。自分で蒔《ま》いた種は、自分で刈り取るしかないのです。

こんなときは次のように自己との対話を試みるのがよいでしょう。


「この職場には優秀な人が大勢いて自分は活躍できないっていうけど、本当にそうかな？」

視点を転換し、まず、心配したことを疑ってみる。すると、違った発想が生まれ、自己との対話がスムーズに展開することが、私の経験上からも多いものです。

「優秀な人の仕事を間近に見られるって、実は、幸せなことなんじゃない？」

「確かにそうかもなぁ。だとしたら、もっとよく見て真似できることは真似してみる、とか？」

「そうしたら仕事の仕方も変わってきて、何かが変わるかもしれないな」

ポジティブな気持ちを持てたら、「よし、がんばろう！」と気合の一つでも入れて、ここの話題は終わりにしましょう。


家庭に不満を持っているときも同じです。

「あの人と一緒に暮らしていても、本当に幸せな未来はないのかな？」

心に湧き上がった疑問を、まずは疑ってみます。

「もしかしたら、今を幸せと感じられていないから、未来も幸せになれないって思っているだけじゃない？」

「今の幸せ？　住む家もあって、多少の節約はしているけど普通に生活できて、たまには旅行にも行ける。環境だけ見たら、十分、幸せなんだけど……」

「幸せと感じるには、何が足りない？」

「掃除も洗濯も料理も、いつも人のため。自分がいないというか……」
「だったら、何か始めてみるのはどう？」
「そうね。この間テレビで見たアクセサリー作りが面白そうだったから、やってみようかな」

ふと心に浮かんだ心配事をどんどん追求して迷宮に入り込んでしまうのではなく、その心配事はそもそも本当に心配すべきことなのかを疑ってみる。

たったそれだけのことで見える世界に広がりが持て、心配だったはずのことが、次へと進むステップになってくれたりするのです。視点を転換することで、ネガティブをポジティブにも変えられる。心一つです。

禅の習慣18

ときには、車のエンジンを休めるように、積極的に休息する

私たち日本人は、献身こそ美徳という世界観に生きています。ですから、自己犠牲をいとわず、会社のために働いてしまう。ときには、仕事のことで頭がいっぱいになり、家族との関係がギクシャクすることもあるでしょう。

家にいても心ここにあらず。「こっちは忙しいんだから、少しはわかってくれ」という思いが身勝手なのは百も承知でも、イライラした態度を改めることができないでいる。

自分が忙殺されてしまうと、身近にいる人にも悪影響を及ぼしてしまうことがあります。それは、とても嫌なものです。私の妻も、ボスからの電話攻撃にまいってしまい、子どもの些細《ささい》な言動にも過剰に反応し、ときには八つ当たりのように叱ることがありました。

こうなると、オーバーヒート寸前です。

メンテナンスをせずに走り続けた車はどうなるでしょうか。そのうち水もオイルもなくなり、かろうじて残っているガソリンで走り続けているけれど、車はどんどん熱くなり、間もなくオーバーヒートで止まります。
オーバーヒートを回避するには、まず止まること。ボンネットを開けて風を通し、熱を冷ますこと。それから水を入れ、オイルを入れ、また元のように走れる状態にしていきます。

車だけじゃありません。コンピューターだってスマートフォンだって、どんどんデータが蓄積され、アプリをダウンロードし、大量に撮った写真を保存していったら、反応が遅くなります。たまにいらないものを消去するなどのメンテナンスをしてあげないと、快適に動いてはくれません。

人間も同じです。私たちも自然の一部ですから、やはり、走り続けることはできないのです。短期的には頑張れるかもしれないけれど、それをずっと続けることは不可能なのです。その自然の摂理に基づけば、積極的な休息が必要だということが誰しも理解できます。

よく働くために、よく休む。

オンとオフを強制的に切り替えて、自分を取り戻す時間を持ちましょう。

禅の習慣19

米国トップアスリートも実践するハッピーエンドのイメトレで不安に打ち勝つ

アメリカのプロバスケットボールリーグNBAの大スターだったコービー・ブライアントは瞑想をすることでも知られていましたが、彼に限らず、アスリートで瞑想を取り入れている方はとても多くいます。

瞑想にも種類があり、アスリートに人気なのはイメージトレーニングです。試合中のあらゆる事態をイメージし、その対応を考えておくことで、瞬時の判断を迷いなく行えるようになります。

何かにつけてネガティブな感情が優勢になり、電話が鳴るだけで悪い知らせではないかとビクビクしたり、心配をしすぎていつも30分以上前に約束の場所に着いてしまい時間をムダに浪費しているとか、自分の行動を変えていきたいときにもイメージトレーニングは有効です。

私は毎朝晩、二人の娘と一緒に座り、2~3分瞑想するのを日課にしています。

朝の瞑想は心を落ち着けるというよりも、一日のスケジュールの確認がメインで、イメトレの要素が強いものになります。

娘たちの食事が済んだら歯を磨かせて、そういえば最近、下の子が歯磨きを嫌がるけど、もし嫌がったら先に着替えさせてしまおうかなどとイメージし、娘たちを送って行ったらメールをしてと、どんどんその日の予定を組み立てていきます。

歯磨きのように、うまくいかないであろうことが想定されるところでは、柔軟な対応ができるようにあらかじめ対策を考えておくと、実際に嫌がったときにもイライラすることなく、「やっぱり、そうきたね!」と笑顔で対応できます。

もし一日では長すぎてイメージするのが難しいときには、その日の中でいちばん気になることに照準を合わせてイメトレをしましょう。

毎日、宿題を嫌がる子どもと格闘しているなら、今日はこういう言い方をしてみようか。もしそれでこういう答えが返ってきたら……など、プランA・B・Cくらいを考えてみます。

事前に想定済みなので、いざそのときになればゼロサプライズ。

夫婦間で言い争いが絶えない場合などにもイメトレは有効です。パートナーからこういう言葉がきたら、売り言葉に買い言葉ではなく、今度はこういうふうにいってみよう、そんな想定をしておくと、その場で慌てることがなく、落ち着いて対応ができるようになります。

朝起きてすぐ、通勤や移動の車内で、カフェでコーヒーを飲みながら。スマホを見ていた時間をイメトレに変えるだけで、心配の種が少しずつ摘み取られていくでしょう。

禅の習慣20

10年後の自分から今の自分を観察したら今の悩みはどうでもいいことばかり

10年前、あなたは何歳だったでしょうか。その頃、人生でいちばん関心のあったことはなんでしょうか？

仕事、恋愛、趣味、美容、お金、老後、家——。楽しみにしていることにも、そうではなかったことにも、必ず心配事がついてまわっていたと思います。

今、その頃に心配していたことで、現実になったことはあるでしょうか？

あんなに恋人との別れを恐れていたのに、今は別の人と結婚して幸せに暮らしてはいませんか？　もう立ち直れないと思うほどショックな出来事からも立ち直り、笑い話としてしゃべれるようになってはいないですか？

これほど大きな出来事ではなくても、なんであんなことをあれほど心配していたのだろうということは山ほどあるはずです。

繰り返しになりますが、心配は自分が生み出した感情にすぎません。必ず、いつかは消えてなくなります。

そのことを私たちは、これまでの人生の中でたくさん経験してきています。その事実を少し思い出してみるだけで、ちょっとした心配事であれば手放すことができるでしょう。

あるいは、「この心配事が10年先まで続いているだろうか」と自分に問いかけてみるのもいいかもしれません。そうすれば、「1年後、いや、半年後ですら心配していないな」と思えることもあるはずです。

なかには、子どもの進学、就職、結婚など長期にわたる心配事もあるでしょう。そんなときは、「じゃあ、その心配事に対して、今何ができる?」と自分に聞いてみてください。

できることがあるならばそれをする。今、何もできないのであれば、それは心配しても仕方がないことなのです。

実は、私も本来の性格は心配性です。とくに娘たちのことでは心配なことばかりです。

でも、「今、何ができるの？」と自問することで、「じゃあ、今から少しずつでも学費を貯めておこう。そのためにできることは何か、調べてみよう」といったように解決策につながることが多いですし、「確かに、今できることは何もないね」と思い至れば、その心配事を手放すことができています。

今できることに焦点を当てるためにも、10年後の自分に問いかけてみることは有効です。

禅の習慣21

あなたが幸福になるための答えは、心の中のベストフレンドが知っている

基本的に人間はつながりを感じていたい生き物ですから、根っこのところには寂しがりやの自分がいます。

世間的に高い評価を受けていても、たくさんの人に慕われていても、帰宅して家のドアを開けた瞬間、なんともいえない寂しさに飲み込まれてしまうときがあります。

一人きりですごす時間に、言い知れぬ孤独感に襲われることもあります。人が大勢行き交う東京やニューヨークの大通りを歩いていても、誰とのつながりも感じられなければ孤独です。

しかし、人は生まれてから死ぬまで、孤独なときは一瞬たりともありません。

土の上に人と人が座り、対話している姿を表している坐禅という字。誰が対話しているの？　というと、自分と誰かではなく、自分ともう一人の自分が対話をしているのです。自分が自分がという「自我」と、本来の自分である「自己」との対話です。ですから、坐禅をするかぎり、もう一人の自分と常にある。絶対に一人ではないのです。

昭和時代の禅僧である山田無文《むもん》老師は『臨済録《りんざいろく》』（臨済宗の開祖・臨済義玄の言行をまとめた語録）の中の「一無位真人《いちむいのしんにん》」という禅語について、自分の中に、位《くらい》も性別も年齢も能力も超越した、世間の価値判断で価値を決めることのできない仏性《ぶっしょう》、本来の面目《めんもく》がある、と解説しています。立派な主体性、絶対的な尊厳、平等にある純粋な人間性というものが生まれながらにして誰の中にも備わっているのだとおっしゃっています。これこそが、本来の自分「自己」です。

自己は、いちばん近くにいて、いちばん信頼が置けて、いちばん自分を理解してサポートしてくれるベストフレンドです。

自分には友だちが少ないから寂しいといっている人には、自分の中に最強の友がいることを知ってほしいと思います。

坐禅は自己というベストフレンドと対話する絶好の機会です。

コップを静かに置いて深呼吸を繰り返し、心が落ち着いてきたら、もう一人の自分に問いかけます。「なあ、正樹、子どもたちの言うことをもう少しちゃんと聞いてあげてもいいんじゃないか」とか、そんなことでいいのです。

問いかけには反応が返ってきますから、「そうだよな。あれは悲しがるのも無理はないな」、「じゃあ、どうしたらよかったと思う?」、「口に出す前に、一度、深呼吸をして余白を持てばよかった」、こんなふうに問いかけに答えるうちに、心の整理がついていきます。

ベストフレンドはよき相談相手。ぜひ話す機会をたくさん持ちましょう。

禅の習慣22

仕事で息詰まったら、マインドフルネスで頭の中を整理する

ここ数年の間で日本でもよく耳にするようになった「マインドフルネス」は、禅から宗教色が排除されたアメリカ発祥の瞑想法などとも紹介され、逆輸入のような形で日本にもブームをもたらしました。

しかし、私の中で禅とマインドフルネスの間に垣根はありません。瞑想という大きな傘の下に、禅があり、マインドフルネスがあり、ヨガがある。瞑想へのアプローチの仕方がそれぞれ異なるだけで、瞑想という大きな目的は同じです。

ではなぜ、マインドフルネスがブームになったのかといえば、ビジネス・メディテーション（瞑想）の要素がクローズアップされたからではないかと推測します。そのきっかけを作ったのが、検索エンジンでおなじみのグーグル社です。

チャディー・メン・タンというグーグルのエンジニアが、従業員の「集中力向上」、「ストレス解消」、「チームワークの向上」のために、仏教の瞑想の要素を取り入れた「サーチ・インサイド・ユアセルフ（以下、SIYプログラム）」を開発しました。

私も禅の指導という形で、茶道を通してこのSIYプログラムに関わりましたが、基本的には心を落ち着かせ、思考を整理し、集中力を高めることで仕事の能力や能率をアップさせるというものです。

また、グーグル社内には社員が自由に使える瞑想ルームがありますが、ここで他の社員と一緒に座ることで、周囲の人たちとの共感・協調といったものが芽生え、チームワーク意識の向上にもつながります。

瞑想というのは、そのとき湧き上がる感情をとらえることもできれば、イメージトレーニングによって頭の中を整理することもできます。SIYプログラムは、双方の要素をバランスよく取り入れたプログラムだと考えるとわかりやすいでしょう。

仕事をしていると、同時進行でいろいろなことに対処しなければならず、時間との勝負で焦るあまり空回りしてしまうこともあれば、考えすぎて迷宮に入り込んでしまうこともあります。

詰め込みすぎた頭のバケーション。マインドフルネスは、そんな効果が期待できます。

目の前の仕事からいったん離れ、頭の中をリセットするとそこに空間ができ、新しいアイデアの入る余地が生まれる。このような経験が、マインドフルネスはクリエイティビティを向上させるといわれるゆえんです。

仕事で行き詰まった頭のリセット。心の休息。新しいアイデアの源《みなもと》。

疲れ切って思考停止に陥る前に、自分らしい瞑想のやり方を手に入れましょう。

第三章

いつも穏やかであるための禅的生活のスメ

禅の習慣23

なぜ禅僧は、シンプルで素朴な生活を心がけているのか？

禅的生活というと、早朝に起き、食事は一汁一菜、毎朝坐禅に掃除を欠かさない、ストイックな「清貧の生活」を思い浮かべる方がほとんどでしょう。

もちろんそういった「ザ・禅僧」的な生活を否定するつもりはありませんが、私は、私にとって自然な生活をするように心がけています。普段はジーパンを履きますし、ラーメンだって大好きです。大学の授業の合間に子どもの送り迎えをし、掃除に洗濯、食事の準備などの家事もお手のものです。これは男の仕事とか、これは女性の仕事だとかの執着はありません。

以前、取材のときに袈裟《けさ》を着ていくのを忘れ、記者の方に「ええっ！ 絵にならない」と目を丸くされたことがあります。私としては、外見にとらわれず、禅僧としての中身を見てほしかったです（笑）。

これは半分冗談ですが、半分本音です。私も日々、いかに心の不安や心配事に対処していくか、みなさんと同じように悩んでいる一人です。最近はだいぶ「心の免疫力」が高まってきたことを感じており、こうしてそのコツをみなさんと共有できればと思っています。

生活に役立たない「禅」なんて、なんの意味もない。

私はそのように考えています。心をコントロールするのにこの上なく役立つ禅の教えを、世界中の方々に知ってほしいと思い、アメリカでも教鞭を執《と》っています。禅の教えは万国共通。誰にとっても役立つものなのです。

話が脱線してしまいましたが、ここでお伝えしたいのは、「シンプルで素朴な生活」の本質とは、「どんなときも生活スタイルを変えない」ということです。

先日、京都で食事会がありました。会の目的は、ある企業の社長をいさめる会、とでもいいましょうか。近頃、事業がイケイケなのは周知の事実でしたが、「何をしても失敗する気がしない！」と豪語する社長の言葉を聞くに至り、とある寺の住職が「ちょっとみんなで集まって、あの社長を落ち着かせようじゃないか」と声を上げました。

何をしても失敗する気がしない。

石橋を叩いて渡るタイプの方には、なんともうらやましい性格に映ることでしょう。しかし、最高に幸せだ、今が人生のピークだ、というときこそ落とし穴に注意です。

驕《おご》りという感情が心の受信装置の感度を下げ、周囲の気持ちを考えずに突っ走ったり、自分はスペシャルだと思うあまりに周りの人たちが離れていったりするのもこんな時期です。

山を登り切ったあとには下りが待っていますし、株価だって細かな上げ下げを繰り返しながらよくなったり悪くなったりしています。自然界でも経済界でも、世の中のすべてがピークを維持し続けることの難しさを教えてくれています。

私の祖父の松原泰道は、一年365日、生活を変えませんでした。毎日3時に起床し、6時にお経を読み、7時に朝食をいただき、という具合で、一日のスケジュールが決まっていました。

食事の内容も毎日ほぼ変わりません。ただし、品数が少ないと文句をいうことはありませんでしたが、品数が少しでも増えると、いつも自分が食べる分量だけを食べ、残りは翌日にまわしていました。

いいときも悪いときも、生活はいつも同じがいい。常々、祖父の語っていた言葉です。

いいときに舞い上がって贅沢をすれば、その贅沢ができなくなったときに、自信を失い、落ち込むでしょう。

少し仕事に翳《かげ》りが見えたら、不安で仕方なくなるでしょう。

無常の本質とは、「始まりのあるものには必ず終わりがある」ということです。心配事のようなネガティブな事象に終わりがあるのと同様に、そのとき心地よかったことにも必ず終わりがやってきます。


上り坂のあとには下り坂が待っている。調子が上向きのときこそ心の片隅に、こんな覚悟が必要です。どんなときも生活スタイルを変えないこと——これが心を安定させるための、ちょっとしたコツなのです。

禅の習慣24

不必要なモノは捨てる。部屋がキレイに片づくと、あなたの心も新しくなる

過去への執着を捨てる。そんな想いとからめて、不要なものを捨てるのがブームとなりました。しかし、なんでもかんでも捨てるのがいいかといえば、私はそうは思いません。

ミニマルな暮らしが注目を浴び、禅もまたシンプルに暮らすイメージが強いかと思いますが、たとえモノを溜め込んでいても、それをムダにしていないのなら、それでいいというのが私の考えです。紙袋が部屋を散らかす原因となっているならば捨てるべきですが、整理整頓に使われるなど活用できているのであれば、それでいいと思うのです。

ただ、不必要なモノを持ち続けることは、やはり感心しません。モノを持てば、それを維持しようとする心が働き、そこから苦が生まれます。

また、不必要なモノを捨てることで、今に焦点が合ってくるというメリットも見逃せません。

私の73歳になる母は、あとに残された人が大変だからと、できるだけモノは持たず、お土産さえもあとに残るものはいらないというくらい、身軽に暮らしています。

もう一人、86歳になる老僧は、次の代に住職を譲ったあと、暮らすのに最低限必要な衣、下着、茶碗、箸を残し、たいていのモノは処分したそうです。日用品から存在自体を忘れていたものまで、とにかくいろんなモノがあって片づけるのは大変だったとおっしゃっていました。

はからずもこの二人が、口を揃えて同じことをいうのです。身辺を整理して何もなくなる。すると、ゴミで溢れかえっていたゴミ箱の底が抜け、すべてなくなり空っぽになったあとには、新たな世界が入ってくるような気がする。

「無尽蔵《むじんぞう》」というのは、底がないからたくさん入るという意味の禅語ですが、底があれば過去からのものが蓄積されてしこりのように頭をカチカチにさせてしまいます。底がない状態にしてやると、新たな考えがどんどん入ってくる。なんとなく、わかる気がしませんか?

部屋をキレイにすれば、そこに新しい気が流れ、今まで見えていなかったものが見えてくる。活用していないもの、不必要なものは捨て、整理整頓をしてみましょう。

美しく整った部屋は、単純に気持ちのいいものです。出かける前の5分、部屋をキレイにする時間にあててみてはいかがでしょうか。

禅の習慣25

すべてに感謝する。心からそう思えたとき、人は本当の幸せに出会う

これからをポジティブな自分で生きていきたい。そう願う人に贈る言葉は、感謝です。

すべてに、感謝。

どこかで聞いたようなきれいごとをいっているなと思うかもしれませんが、私は最近になって特別に、感謝の心こそが力強く人生を歩むための土台であり、シンプルに物事を見る目を開かせてくれるキーワードではないかと思うようになりました。

この世に生まれ、存在していること。
他者が存在することによって、自分が生を感じられること。
感情があるからこそ、成長できること。

毎日、食事が摂れること。
屋根のある場所で眠れること。

もし置かれた環境に不平不満があっても、その土台には揺るぎなく、いつも感謝が横たわっています。

私は、幸福だから感謝の気持ちを持てるのではなく、感謝の気持ちこそが幸福を呼んでくれるのではないかと思っています。

そのことを忘れず、「ありがとう」の気持ちを持って生きていると、心が内向きになることがありません。自分を過大評価することもありません。

あれほど難しいと思っていた、「ありのまま」を素直に受け入れることができます。

もちろん、感謝の心で暮らしていても、瞬間的に心が荒れてしまうことがあります。そんなときは、コップの話を思い出してください。いったんコップを静かに置き、深く深呼吸をします。

ありがとうと深呼吸の組み合わせは、最強です。

私は人生の終わりにも「ありがとう」といえる生き方をしたいと思っています。
もし、余命の宣告を受けたら、やはり恐怖心も湧き上がってくることでしょう。
それでもなお、家族に出会えたこと、その日の出会い、口にしたもの、水の一滴、すべてに感謝をしていたいと思っています。

禅の習慣26

あなたが一番純粋だった頃のように、ニコニコ笑っていれば、必ず誰かが助けてくれる

幸せな人は、ニコニコしています。幸せな人の笑顔は、一瞬で周囲を明るく照らします。

笑顔が大切。誰にいわれなくても、私たちは感覚としてそれを知っています。

地道な努力を重ね、休日まで費やして成功させたプロジェクト。終わってみれば、その手柄はすべて上司がかっさらっていった。飲み会の席で熱く語った話を、同僚が無断で企画にして提出していた。恋人に二股をかけられていた。

裏切り、人間不信、悔しさ、悲しみ、憎しみ。どのケースでも、あらゆる苦の感情が湧いてきて当然です。

しかし、これほどひどい状態だったとしても、禅はなお相手を受け入れ、許すことを求めます。なんのために自分にひどい仕打ちをした相手を許すのかといえば、それはほかでもない、自分のためです。

自分を裏切った相手を許さずにいると、いつまでも苦の感情を持ち続けることになり、そこに執着が生まれます。執着は一つのところに自分を縛りつけ、身動きができないようにしてしまいます。
時間は移り変わっているのに、自分の心は裏切りにあったときのまま。次にその相手を見かければ嫌な感情がよみがえり、何かひと言でも声をかけられれば怒りが湧き、自分に対する態度が悪いなどと因縁の一つもつけたくなります。

相手を許さない。そう思っている限り、互いの関係性のイニシアチブは自分が握っていると錯覚しますが、実際は相手の態度一つであなたの感情は揺れ動くのですから、あなたの感情を左右するボールは自分のコントロール下ではなく、完全に相手の手中にあります。

だからこそ、相手を許すのです。執着を断ち切り、感情を左右するボールを取り返し、次のステップへと進むためには、いらぬしがらみは持たないに限ります。

ひどい仕打ちにあって、その相手を許すと考えるとそれこそ許せなくなります。だけど考え方を変えて、自分が笑顔でいられるために許すのであれば、それほど難しくはないでしょう。


1959年、24歳だったダライ・ラマ14世は、チベット動乱の末に起きた虐殺を逃れ、インドへと亡命しました。

このときも多くのチベット人が命を落としましたが、60～70年代にかけて起きた文化大革命ではチベットの伝統的な僧院などはほぼすべて破壊され、中国による拷問や弾圧により120万人におよぶチベット人が命を落としたともいわれています。

これほどの迫害を受けてもなお、チベットの人たちは自分たちが次の段階に進むために許します。

許すことは、忘れることを意味しません。許すことは、正義を探求しないということでも、加害者が処罰されないということでもありません。

間違ったことをした相手を許すという行為は、その間違いまでを受け入れて容認することと解釈されがちですが、それは違います。

ネガティブな事項は、決して忘れてはならないのです。しかし、忘れないことによって憎しみが助長され、苦を持ち続ける可能性を知っているからこそ、そこに自分を向かわせないために、許すのです。

「怒りと憎しみから反応することを選ばない」。ダライ・ラマの言葉です。

自身の中で、怒りと憎しみを起こさせないために許す。ここに、許すことのパワーがあります。

一個人としての人間性の識見《しきけん》・理性を失うことなく、間違ったことに対しては、明快さと確信を持ち、ブレない態度で臨むことができます。

つまるところ、許すという行為は、唯一自分自身を癒《いや》してくれる行為であり、過去から解放される方法なのです。

昔から「笑う門には福来る」といいますが、笑顔でいることで、マイナスになることは一つもありません。ひどいことをされたにもかかわらず相手を許し、いつも笑顔でいるあなたを必ず誰かが見てくれています。少なくとも仏様は、そんなあなたを見守ってくれています。

禅の習慣27

いつも心の中に一輪の花を持つ。そうすれば、人の視線や陰口は気にならない

静かな床の間に飾られた、一輪の花。その凛《りん》とした佇《たたず》まいからは、美しさと同時に力強さを感じます。

豪華さや華やかさでは花束にかないませんが、一輪挿しにはずっと見ていても見飽きない、人を惹きつけるパワーが備わっているようにも感じます。


一輪の花の美しさ。

それは、誰の目があろうとなかろうと、変わらずそこで咲き続けている強さかもしれません。

ごまかしのきかない環境で美しく花を咲かせる姿に、批評や非難を恐れない強さを感じ取るのかもしれません。

一輪でも寂しさをまとわないその佇まいに、他者との比較を必要としない、確立された自己を重ね合わせて見るのかもしれません。

すっと姿勢を正して立つその姿に、一本筋の通った生き方を重ね合わせるのかもしれません。

山の中腹に一輪だけ咲く黄色いタンポポの花、道端にひっそり咲いている、小さな青い花の連なるキキョウソウ。

これらに出会ったとき、私たちはふと足を止めて見入ってしまいます。場違いであろうと、すぐ誰かに踏まれてしまいそうな場所であろうと、気にすることなく、堂々と、自分のタイミングで花を咲かせるその姿に、やはり人は力強さを感じて惹かれるのです。

小さなことでクヨクヨと悩まず、芯のブレない生き方をしたい。そんなふうに考えるのなら、いつでも心の中に一輪の花を咲かせておきましょう。

心と体はつながっていますから、毎日、目のつくところに一輪挿しを飾るのもいいでしょう。

私は庭の草取りが大好きで、祖父母と父を一年の間に立て続けに亡くしたあとは、寂しさを埋める意味もあったのでしょうか。暖かな季節は日課のように草取りをしながら、庭に咲く花や草との対話を楽しんでいました。

知らない人が見たら、ひとり言をブツブツいっていて怖かったかもしれませんね（笑）。しかし、「今日もきれいに咲いているね」、「雨が降った翌日は緑がきれいだね」、そんな会話の中に、やはり人生の気づきがひそんでいるのです。

部屋に飾った一輪挿しの花、道端に咲く一輪の花。その姿を心ゆくまで眺め、ときには会話も楽しみましょう。

禅の習慣28

生まれてきたかぎり、
誰にだって使命がある。
あなたにも、
あなたの生きる道がきっとある

「人の人生を生きるな」といったのは、アップルの創設者の一人であるスティーブ・ジョブズです。アメリカでは大学の卒業式に著名人がスピーチをするのが慣習となっており、ジョブズは2015年にスタンフォード大学の学生たちに向けて、「人生の時間は限られている。他人の考えに飲み込まれて自分を忘れてはならない。自分の心と直感に素直に生きよ」という内容のメッセージを伝えました。ジョブズのこのスピーチでは、「ハングリーであれ。愚か者であれ」という言葉が有名ですが、私には「人の人生を生きるな」ということを語る部分が強く印象に残りました。

人の意見や価値観に左右されない、自分の人生を生きる。言うは易く行うは難しで、人生には、やりたいことが明確でも、それをできない環境に置かれることのほうが多いかもしれません。しかし、今置かれている環境で何もできないかというと、それは違うと声を大にしていいたいのです。

かくいう私も、はじめからお坊さんを志していたわけではありません。祖父も父も禅僧という家系に生まれ、3歳でお経を暗記し、寺で暮らし、修行道場にも行きました。でも、それが即お坊さんになることに結びついたわけではありません。

自分のやりたいことは何かと考えたとき、人と人とをつなげること、日本の文化を少しでもいいから世界に伝えること、それらのことで人が喜ぶ顔を見たいと思いました。

私のやりたいことはお坊さんでなくてもできることだけど、私はお坊さんだからこそできることをしよう。そんなふうに考えてアメリカに渡り、今、大学で仏教を教えています。

私がそうであったように、今、置かれている環境でできることを模索する。これも一つの方法です。

環境を変えるのには時間がかかります。24時間でどうにかできる問題ではありません。そうであるならば、今置かれている環境の中で、自分を活かすことを考えるよりほかありません。

どんなに今に不満を抱いている人でも、夢は捨てずに、自分が今できることをする。自分の置かれた環境には意味があると考えてみましょう。あなたに与えられた仕事がどれだけつまらなく思えても、あなたには使命があるのです。

人は一人で生きることはできず、他者との関わりの中で生きていて、そこに使命があります。今、自分に与えられた使命がなんであるかを自分に問うことは、自分を人生の主人公に引き戻すのに必要なプロセスです。

自分らしく生きる道が、必ずあります。ないわけがないのです。

禅の習慣29

他者と比較しない、他者の価値観に飲まれない。あなたはあなたの人生の「主人公」になっているか？

心配性にもさまざまなタイプがあり、人からどう見られるかばかりを気にしてしまう人がいます。本来の自分を出せないのはもちろん、他人からの評価が基準になってしまうと、その日接する相手によって、自分を演じ分けなければいけなくなります。

豪快なタイプの人と会うときには、小心者な自分に気づかれたくないあまりに虚勢を張ろうと無理をします。話題のお店に行くのが好きなグループに入れば、そこから仲間外れにされるのが怖くなり、興味のない行列に1時間も2時間も並ぶハメになります。

どこにも自分がいないのです。人生の主人公であるはずの自分が、見当たりません。

実は、「主人公」というのは禅語で、中国唐代の禅僧である瑞巌和尚《ずいがんおしょう》という方が、毎日、自分に向かって「おい、主人公！」と呼びかけていたことからきています。

「主人公！」と呼びかけると、自分で「はい！」と返事をし、「主人公、はっきり目を覚ましているか！」と問いかけると、「はい、はい！」と返事をする。

なぜそんなことをするかといえば、人は、簡単に自分を見失ってしまうからです。そうならないために、毎日自分に「主人公」と呼びかけていたというのです。

もし、自分が人の目を気にして、本来の自分を出せないでいるという自覚があるのならば、毎朝の習慣として、自分に「主人公」と呼びかけてみてはいかがでしょうか。一日の始まりに自分がこの人生の主人公であることをしっかり意識するのです。

「今日も一日、主人公を生きよう」、「主人公の気持ちを無視したドラマはあり得ない」、「今日の会議に出る人は、一人一人がみんな主人公なのだから、自分は自分の主張をしていい」。

自分が主人公でありたい場面を具体的にイメージしてみるのも効果的です。言葉は声に出してもいいですし、朝の瞑想をしながら心の中で会話を交わしてもいいでしょう。

自己暗示や自己催眠のようなものですが、じわりじわりとその効果は出てきます。「私」というアイデンティティをブレなくしっかり持ちましょう。

禅の習慣30

肩書やブランドで
いくら自分を飾っても、
人生の後半にはすべてがゴミになる

私は修行道場にいるときに、ひと月に二回ほど托鉢《たくはつ》という修行を行っていました。今はあまり街角で編笠《あみがさ》をかぶって立つお坊さんを見かけることは少なくなりましたが、一般的なイメージでいうと、片手にお椀のような鉢《はち》を持ち、鈴を鳴らし、金銭や食べ物などの施《ほどこ》しを受けるという修行です。

私が最初に托鉢を行ったのは、埼玉県の志木《しき》駅前にあるマクドナルドの前でした。大学を卒業してすぐに修行道場に入っていますから、マクドナルドに出入りする若者と年齢は変わりません。

私が私服でそこに立っていれば、誰かと待ち合わせをしているのかなと誰もが思うところですが、編笠をかぶった私は、なんだかお金を欲しがっている汚い格好の人、という白い目でジロジロと見られます。あからさまに軽蔑の目を向ける人もいます。

人生で初めて人間として扱われないという体験をして、自然と涙もこぼれましたが、あの経験を経て、人を見た目で判断することの怖さを身をもって知ることができました。

やはり私たちは、見た目で人をラベリングして、自分に都合がいいように分類しながら生きています。自分と似通った雰囲気の人には心をオープンにして接するけれど、畑違いな人に対しては「無関係」というラベルを貼って除外します。

あるいはもっとわかりやすく、その人の地位や肩書によってラベルをペタッと貼っているケースも多いでしょう。アメリカで教鞭をとっていると、日本人の〝肩書好き〟を実感します。

自己紹介のとき、日本人の多くが所属する企業名や大学名を名乗るのに対し、他の国の生徒は自分がどんなことに興味を持ち、どんな仕事に就き、何を学んでいるかを話し、自分という人間を知ってもらおうとします。

「〇×会社の△□です」と名乗って自己紹介を終わろうとする人に、「それで、あなたはこの集まりでどんなことをしたいですか？　何ができますか？」と問うと、答えに詰まってしまう方がほとんどです。

会社名や学校名はあなたという人間を語ってはくれません。

もしかすると、過度に肩書やブランドに頼る人やこだわる人は、心配性の人なのかもしれません。生身の自分に自信が持てず、肩書という仮面で必死に自分の本質を隠しているのでしょう。

深く追求されれば自分の底の浅さが露呈してしまう。そんな恐怖心と日々戦っているのだとしたら、心休まるときがないことでしょう。

しかし、少し酷な言い方になるかもしれませんが、肩書なんてものは、人生の後半になればゴミも同然です。決して人の心を救ってくれるものではないのですから、本当の自分はどこにあるのか、知ろうとすることも大切です。

世の中は、肩書を外した人間同士で付き合ったほうが、断然楽しくなります。私の主催するリトリートでは名札さえつけません。そこで意気投合した者同士が仲よくなり、後日、仲よくなった相手が大企業の重役と知ることもあります。けれど、肩書を超えたところで互いをよく知ったあとであれば、その肩書によって目が曇ることも余計なフィルターがかかることもありません。人間同士の付き合いができます。

ラベリングをすることは、せっかく出会った縁を自ら捨ててしまうことにもなりかねないのです。

また、何者かわからないと不安だからラベリングをして安心感を得ているところがあると思うのですが、裏を返せば、ラベリングしてしまったことでその人の本質が見えなくなり、かえって不安を煽《あお》るようなことにもなりかねません。

大らかな人というラベルをペタリと貼った相手が些細なことで怒る姿を見たら、

混乱します。堅実を絵に描いたような人というラベルを貼った人が、ギャンブルで身を持ち崩すことだってあり得ます。

これからは、初めて出会った人にラベルを貼るのはやめましょう。できるなら、旧知の人に貼ったラベルも剥がしてみましょう。

今まで見えなかったものが、きっと見えるようになるはずです。

禅の習慣31

ネットという息苦しい狭い世界、隣人とあいさつを交わす豊かさ、あなたはどちらを選ぶか？

「既読が付いているのに、まだ返信がない」と怒ったり心配したり、「忙しい人ほどレスポンスが早く、それこそが仕事がデキる人の証」と信じて、しょっちゅうメールアプリを立ち上げたり。

こうなると、年がら年中、スマホが気になって仕方がありません。信号待ちのわずか数十秒、駅のホーム、トイレの中にまでスマホを持ち込む人がいるようです。

フェイスブック、インスタグラム、ライン、ツイッター。どんなアプリも本質は〝この指止まれ〟です。この指に止まった人だけが誰かとつながっています。こういったアプリは世界中の人とつながっている気にさせますが、半面、誰かを削《そ》ぎ落としてもいる。所詮《しょせん》は限られた世界なのです。それにもかかわらず、この狭い世界に振り回されている人が多すぎはしないでしょうか。

スマホの画面の中で誰かとつながっている一方で、今いる場所の自分を俯瞰《ふかん》で見てみると、自分が周囲を拒絶していることに気がつくはずです。ヘッドフォンなどで耳をふさぎ、音楽を聞いている人も同様です。

私の住むマンションでも、みんな、エレベーターに乗っているわずかな時間にもスマホをいじっています。乗り合わせた人と会話を楽しむ人はいません。

でも、みんなグランドフロアに着くまでの気まずさは一緒だな。そう思い、先日、かなり勇気を振り絞って、自分から「グッドモーニング」とあいさつをしてみました。

すると、ちゃんと返事がありました。おぉ、つながった！　心の中で喜んでいると、「今日は暑くなりそうだね」と向こうから話しかけてくれる人まで現れました。

現実の世界でつながるのは、こんなにも簡単だったのです。こちらがオープンマインドで接すれば、心のある対応がちゃんと返ってきます。このとき私たちは、自分の心の扉を開きさえすれば、相手の心の扉も自然と開かれ、人と人とが確かにつながっていることを実感できるのです。

その感情こそ私は「幸福感」だと思います。決して私たちは孤立していないと感じるのです。

本来、人間同士がしゃべるのは当たり前のこと。それができない世の中は、やはり窮屈《きゅうくつ》です。

デジタルを介した付き合いに疲弊《ひへい》したいまこそ、オープンマインドな付き合いを復活させてもいいのではないでしょうか。

禅の習慣32

つらいこと、苦しいこともある。だが人間同士のつながりだけが私たちの心を癒してくれる

日頃はマンハッタンを拠点に暮らす娘たちに、この世界は多様であることを肌で感じてほしくて、年一回、アメリカとは生活環境や習慣、宗教観の異なる国に行くことにしています。これまでインドに行くことが多かったのですが、2017年は、アメリカと国交を回復したばかりのキューバへ行ってきました。

キューバでは、携帯電話でのデータ接続に必要な3Gや4Gが飛んでいないので、電話は本来の機能である通話のみ。メールを送信したり、ネット検索したりしたいときは、Wi-Fiの飛んでいる五つ星ホテルの周辺へ行かなくてはなりません。

ホテル周辺で座り込み、メール送信を試みましたが、1メガバイトのファイルを送るのに1時間かかるようなネット環境なのです。1時間かけても失敗する可能性が大でした。

郷に入れば郷に従えで、そのことに文句などありません。私がここで伝えたいのは不便さではなく、携帯電話やスマホに縛られていない人々の姿です。

キューバは経済的には決して豊かな国ではありません。街中には、1950〜60年代のアメリカ車が現役で走っています。みんな、メンテナンスしながら大切に乗っているのでしょうが、たまたま、私たちの乗っていたタクシーが目的地に着く前にパンクしてしまいました。

しかし、ラッキーなことに、タクシーを降りた目の前にバス停がありました。私たち家族もそこからバスに乗ることにしたのですが、キューバの人たちはバス停でバスがくるのを待ちながら、みんなおしゃべりを楽しんでいるのです。

街を歩いていて、歩きスマホの人に出会うことがありません。レストランでスマホを見ながらの〝ながら食い〟をしている人も見かけません。ヒューマン・コンタクトの溢れる場所には、そこに住む人々の笑顔が溢れていました。

当時私が住んでいたアメリカのオークランドは、キューバに比べて生活水準は高いけれど、社会政治への不満が大きく、治安はよくありません。キューバはその正反対で、生活水準は高いとはいえないけれど、人々は穏やかに暮らし、街のいたるところに笑顔が溢れていました。これこそが、人間の根源的生活なのではないか。真っ先に、そんなふうに思いました。

自分がほかの人よりスペシャルだと思う人間はおらず、みんなが同じ人間であるという前提でのコミュニケーションが実現しているように思えました。オープンマインドとオープンマインドでなされる会話は、いいようのない幸福な空気を生み出していて、街全体が笑っているかのようでした。彼らは、どんなに生活が苦しかったとしても、無駄な不安や心配事を抱えることはないようです。

生きる上で何が大切なのか。たまには、自分の生活している環境から少し離れてみることも必要なのかもしれません。

禅の習慣33

出会えた縁を大切にして、家族というチームメイトに心からの愛を贈る

「ファミリー・イズ・プライマリー」。

何があっても、家族が第一。仕事よりも何よりも、優先されるべきは家族である、というのが私の信条です。

心配事の種は家族から芽生えることも多いけれど、支えとなってくれるのもまた家族。そのことを常に忘れずにいたいと思っています。

いちばん身近な我が家でいうのであれば、私の妻はアフリカ系アメリカ人で、娘たちは日本とアメリカの国籍を持っています。娘たちには、自分は日本人、アメリカ人、どちらでもあると胸を張っていえるように育てたいと思っています。

私が二人の娘を連れて歩いていると、奇異な目で見られることが多々あります。私たち三人だけで帰国することがたびたびあるのですが、毎回、イミグレーションで娘たちは「この男の人は誰?」「ママはどこ?」と聞かれることになります。

こういったことの繰り返しが、日本人としての、またはアメリカ人としてのアイデンティティを育てる邪魔になりはしないかと、親として心配せざるを得ません。

また、肌の色だけでいえば、ママと下の娘はとても似ているのですが、最近、この次女が「マミーと私は一緒。パパとお姉ちゃんは一緒」と、肌の色でチーム分けをするような発言があり、これもまた頭を悩ませているところです。

子育てに関しては常に心配事がつきまといますが、口グセのようにいつもいう「今、できることは何か」を考えて、一つずつ乗り越えていく以外に道はありません。

家族というのは、一つのチームです。家族と呼ぶと、そこにいるのが当たり前の存在すぎて、ともすると、「わかってくれるだろう」という甘えから、その存在を無視したり、ないがしろにしてしまいがちです。

しかし、家族がチームだと考えると、互いを思いやり、助け合い、協力し合うのが自然な姿だと気づくことでしょう。

もし、家族に対して不満を抱えがちな方がいたら、どうか、自分が家族という名のチームの一員であることを思い出してください。


家族というのは、そこにいてくれるだけで、自分の大切な居場所になります。無条件で自分側についていてくれる、心強いサポーターでもあります。


『グレイテスト・ショーマン』という映画をご存じでしょうか。

2017年にアメリカで公開され、その後、世界的大ヒットとなった感動のミュージカル映画です。

貧しい家庭に育ったバーナムは良家の令嬢と結婚し、娘たちにも恵まれます。

小さな頃から夢想家だったバーナムは、娘のあるひと言をきっかけにショービジネスの道を歩み始めます。

小人症の男、大男、髭の濃い女、全身刺青の男、結合双生児の兄弟。世間から隠れるように暮らしていた人々を集め、いわゆるフリーク・ショーのサーカスを始めます。

彼らのショーは大盛況を収めたものの、バーナムは上流社会から認められたいという願望をかなえるため、劇場経営を他人に任せ、ほかのビジネスにのめり込みます。その結果、多大な借金を抱えることになり、劇場は火災に見舞われ、バーナムに愛想を尽かした妻は子どもたちを連れて実家へと帰ってしまいます。

すべてを失ったバーナムのもとを訪ねてきたのは、サーカスの団員たち。血の繋がりもなく、人種も外見的特徴も国籍も違う団員たちのいるサーカスこそが、自分の居場所であり家族だったのだとバーナムは気づきます。

一度は失った信頼も、家族であれば取り戻せる。自分が本当に輝ける居場所こそが、家族である。そのことをこの映画が教えてくれています。

いちばん身近にいてくれる人たちだからこそ、ちょっぴり恥ずかしくても、「ありがとう」や「アイ・ラブ・ユー」を毎日伝えませんか。

家族は一緒にすごした時間が長い分、過去の出来事などに執着が生まれてしまいがちですが、今、自分がここで暮らせていることに目を向け、今一度、家族が自分にとってどういう存在であるのかを問い直してみましょう。

家族は最強のサポーター。そのことを忘れずにすごしたいものです。

禅の習慣34

身近な人と役割を交換してみて、相手から受け取っていた思いやりを知る

毎年6月、私が教鞭を執るコーネル大学の学生25人ほどと一緒に来日していま す。異文化知的交流を目的として、私が住職を務める千葉の佛母寺《ぶつもじ》と、鎌倉の円覚寺《えんがくじ》や建長寺《けんちょうじ》のお世話になり、2週間ほど滞在します。

大きな特色として、滞在期間中の食事は学生たちが作ります。4~5人を一班とし、佛母寺にいるときは私の母を指導員として、寺の厨房で朝昼晩と代わりばんこに調理し、ごはんをよそって配膳までをします。寺では、最初に食べるのを一番座といいますが、調理を担当した学生たちは一番座の食事が終わってから、残りのごはんの二番座をいただきます。

なぜ、自分たちで料理を作るのか。その説明を私は一切しません。学生たちが経験を通じて、自ら気づき、学んでいきます。

最初は、限られた材料で何を作るか考えるところから始まります。冷蔵庫を開けて、そこにあるもので作ります。わざわざ買い出しには行きません。アメリカも日本も飽食の時代を迎えている中、与えられた材料で作る食事が、食材の大切さを教えてくれます。

そして、ほかの学生たちのために作る食事が、他人を思いやる心に気づかせます。「今日は暑かったから、スープは冷たいものにしておこう」。「食べやすい大きさはこのくらいだろうか」。人を思いながら作る食事から、いつも食事を作ってくれている母親や父親の愛情に気づいた学生もいましたし、これは嫌い、あれがよかったと食事に注文ばかりつけていた自分のわがままに気づいた学生もいました。

配膳される側も、「このごはんを作ってくれた人がここにいないようだけど、どこかで食事をしているの？　私はどれだけ食べていいの？」と、作ってくれた人への気遣いが生まれます。

いくら口頭で「思いやりの心を持て」といっても実践するのは難しいですが、食事は体を作る基本であり、自分もまた毎日していることだし、生きていくうえでの最重要事項ですから、相手の気持ちを想像しやすいのかもしれません。

自分に思いやりの心が芽生えると、相手の思いやる心にも気づけます。互いに思いやる心を受け取り合うと、信頼が生まれ、絆が深まります。

長年一緒に暮らしていると、思いやりさえも当たり前に受け取るようになってしまいますが、時には夫婦や家族で共同作業をしたり、役割を交換して、相手から受け取っていた思いやりの心を再確認してみるのもおすすめです。

禅の習慣35

迷ったときは、人を幸せにすることに集中する。それが人として、いちばん自然な生き方

スピードが求められる時代には、日本人の美徳とされる生真面目さが、世の中を生きづらくさせてしまうこともあるようです。

電車は時間通りに発着し、道路事情に左右されるはずのバスでさえほぼ正確な時刻にバス停に停まります。

これが当たり前になると、少しダイヤが乱れただけでも、その状況が許せなくなります。「自分はちゃんと時間を守っているのに！」、「この電車に乗るために走ったのに！」などと、自分と同等の努力を相手に求めたり、完璧を求めたりします。

感情のはけ口とばかりに、なんの責任もない駅員さんに言いがかりまがいの文句をつける人までいるようです。

お客様ファーストに慣れきった日本人が失いつつあるもの。それは、寛容さです。

寛容は、思いやりから自然に導かれる感情ですので、相手を思いやる心を失ったとき、同時に寛容さも失われています。

寛容するとは、受け入れるのは難しくとも受け止めることが大前提となるため、これが失われてしまうと、人やモノとのつながりをバンと断ち切ってしまいます。

私たちは、つながりなくして生きていけません。一日中、パソコンの前に座っているような生活を送っている人でさえ、パソコンがあり、そのパソコンを作るのに携《たずさ》わった何十何百という人がいて、自分一人では最低限の生活すら送れないのです。

当たり前のことほど忘れやすい。人間はそういう生き物です。だから毎日、深呼吸の一回、朝の1~2分、歩く時間を瞑想に当てて、当たり前こそがありがたいのだということを自分に気づかせます。

そうすると、他者とのつながりを忘れずに生きていけるので、たとえ誰かに意地悪な言葉を投げかけられたとしても、すぐにカッとしたり言い返したりすることなく、「彼は今、虫の居所が悪いのだろうか？」と冷静に受け止めることができるようになっていきます。

私は、自分のしていることが本当に人の役に立っているのかと不安に思ったとき、いつもこの「当たり前のこと」を大切にしようと考えています。

太古から人類は、ともに生きる仲間たちとのつながりを大切にし、互いに幸せになれるよう協力して生きてきました。そのことは今も変わりありません。

生き方に迷ったときは、人を幸せにすることに集中する。それが元来、人としていちばん自然な生き方なのだと思います。

人のために生きて、不幸を感じる人などいないのですから。

第四章
心配事に振り回されない後悔ゼロの生き方

禅の習慣36

仕事や家事は、今できることを続けて、誰かの役に立つよう心がける

あなたは、今の仕事が好きでしょうか。もっと違う仕事をしていたら、今よりいい人生があったのではないか。このまま一生を終えていいのだろうかという不安は、誰しも一度は味わったことがあるのではないでしょうか。

いったん仕事から離れ、家庭や育児に専念していらっしゃる方も同様に、このまま社会と切り離されてしまうことへの不安を持っているかもしれません。

仕事や家事、育児には人生の大半の時間を費やしているわけですから、ここに不幸を感じてしまうと、人生そのものが苦のように思えます。

そこから脱出するにはどうしたらいいか。そう考えたとき、転職、独立、就職、資格の取得、あるいは離婚など、大きく環境を変えようとする方が多いのですが、環境を変えたところでその先の幸福が約束されているはずもなく、また大きな不安を抱え込むというスパイラルに陥《おちい》りがちです。

問題はひとっ飛びには解決しません。大事なことは、今できることをする。今、自分がいる場所からはじめることです。

一切唯心造《いっさいゆいしんぞう》。すべては心がつくり出すのですから、心の持ちようで変えられることがたくさんあります。今いる場所でできることが、たくさんあります。

そもそも人は、なんのために働くのでしょうか。お金のため、生きるため、自分のため。いろいろな理由が思い浮かぶでしょう。でも、それでは幸せを感じられなかったのだとすれば、やはり、何かを変えていかねばなりません。

では、こう考えてみたらどうでしょう。

〝ハタ（傍）〟を〝ラク（楽）〟にするから、働く。この視点に立って、今いる場所で、自分のためよりも誰かのために役に立つ、そんな働き方を模索してみます。

このプレゼン資料はここのグラフを色分けしたら伝わりやすいだろうか。共有のものは、使い終わったらもとあった場所にすぐ戻す。次に使う誰かのために。自分が作っているのは一本のネジだけど、このネジから時計が生まれ、多くの人に役立っている。正確な時間を刻むじゃまをしないように作らなければ。家族みんなが笑顔ですごすために、体に負担のかからないごはんを作ろう。

仕事や家事はすぐに結果が出るものばかりではありません。しかし、誰かのために役に立ちたい。そう考えられるようになった時点で、あなた自身の変化はもう始まっています。

そして、〝ハタ〟で働く人からの感謝の言葉や笑顔が、あなたへのギフトであることに、間もなく気づくことでしょう。

禅の習慣37

後悔ゼロの生き方をするために、地球旅行のつもりで日常を生きる

私の人生の指針は「ゼロ・リグレット」。後悔ゼロの生き方をすることです。

人生100年といわれて久しいですが、長い地球の歴史から見れば、100年なんてほんのわずかな時間です。私たちは、限られたかなり短い時間、この地球にビジターとしてきてきているだけ。そう考えると、今日の一日がとても貴重に思えてきます。今、この瞬間を大切に生きようと前向きになれます。

たとえば1泊2日の京都旅行では、朝も布団の中でグズグズすることなく起きるでしょうし、時間を惜しんで寺院巡りをし、一回一回の食事にかける思いも日常とは比較にならないことでしょう。しかし、京都に住んでいる人にすれば、そこにあるのはいつもの日常です。

同じ場所にいても、どういう態度や心境で接するかによって、見える世界はガラリと変わります。だからこそ、地球のビジターであることを常に心に刻んでおきたいのです。

限られた日数の旅行であれば、一度ですべてを見て回ることは不可能です。だから、悩んで悩んで、今回は残念だけど金閣寺への参拝はあきらめて清水寺へ行こうなど、幾度も選択を繰り返します。

これが友人や家族との旅行などで、相手のわがままに付き合って、納得しない状況であちらこちら振り回されたとしたら、不満や後悔ばかりが残ることでしょう。

人生もまったく同じこと。ゼロ・リグレットで生きるためには、自分で決断をする。これがとても重要です。

アメリカでの暮らしが間もなく20年になろうとする私にも、いまだに「早く日本に帰ってこい」といってくださる方が複数います。お気持ちはありがたく受け止めますが、家族のことや、私が志した世界に仏教を伝え、日本と世界の架け橋になりたいという思いを考えたとき、きっと後悔するでしょう。だから今の私には、帰国という選択が難しいのです。

だからといって、周囲からの声やアドバイスを無視しなさいといっているのではありません。それらの声は、自分の素直な心に気づかせてくれる特効薬です。「早く地元に帰っておいで」といわれたときに、「地元は落ち着くし恋しい気持ちもあるけど、今いる場所でまだやりたいことが残っている」とあらためて思うことができれば、決断が鈍ることもなく、強い気持ちで前へと進んでいけます。

心配性の方はつい、「地元に帰らないと親不孝といわれるだろうか」など、他人の目や社会の目という実体のない要素を持ち込んでしまいがちですが、心を添わせるのは自分の気持ちだけにしておきましょう。

自分の素直な気持ちをキャッチできたら、そこが思考のやめどきです。

禅の習慣38

1カ月毎日、やりたいことをノートに記し続ける。するとと最後は自分の本心だけが残る

いろいろなことが心配になるのは、心配に費やす時間があるから、とも考えられます。今を精いっぱい生きることで、心配する時間をなくしてしまう。そんな対処法もあるのです。

「そうはいわれても、どうすれば今を精いっぱい生きられるのかわからない」。そんな心の声が多数聞こえてきそうです。

今を精いっぱいに生きる。今を楽しむ、という言い方でもいいかもしれません。自分にとっての楽しい時間、それは、何かに夢中になっている時間、ワクワクした心持ちで向き合える何かがあるかどうか、ではないでしょうか。

自分がワクワクできること。すぐに思い浮かんだでしょうか。幼い頃、純粋な気持ちで夢中になっていた遊びがヒントになるかもしれませんし、学生時代に本気で取り組んだ部活、時間が経つのも忘れて没頭した本、自分のこれまでの人生が、あなたにワクワクした気持ちを思い出させてくれるはずです。
しかし、今の自分が本当にやりたいこと、今置かれている環境の中でワクワクして取り組めることを見つけるのは、案外、難しいかもしれません。

自分の時間を精いっぱい生きるために、私は「やりたいことノート」を書くことをおすすめしています。

【やりたいことノート】
用意するものは、ノートとペン。
期間は、1カ月。
毎日、自分がやりたいと思うことを10個書く。
実現可能・不可能は問わず、とにかく、頭にパッと思い浮かんだものを10個、毎日ただ書いていきます。数日間にわたって同じことが頭をよぎったなら、それはそのまま書きます。「そういえば、これもやりたかった！」と思い出すことがあれば、その日はそれも書きましょう。

どうしても10個書けない日もあるでしょう。10個を超えてやりたい思いがあふれる日もあるでしょう。反対に、月日が経ってやりたい気持ちがしぼむこともあるでしょう。あるがままの自分を受け止めて、とにかく1カ月は続けましょう。

深い思索はいりません。ただ書く。毎日、書く。それだけで自分の気持ちが整理整頓されていき、自分のやりたかったことが自然と見えてきます。

1カ月も後半になると、やりたいことが2つ3つだけ残り、この中の一番を決めるのに苦労をした。そんな話をよく耳にします。

それは、1カ月間きちんと続けた人にだけ与えられるご褒美のような、贅沢な悩みです。自分の心と向き合っていくうちに、最後にはあれやこれやと書けなくなり、本心だけが残るのです。

禅の習慣39

何歳からでも間に合う。やりたいことが見つかったなら、すぐに飛び出そう

私はよく、周囲の人たちから『Be a man!（男になれ！）』という本を書くべきだと言われます。私の人生を見ていると、修行道場へ行き、スペイン巡礼をし、アメリカに渡って博士号を取得して大学で教鞭を執り、アメリカ人女性と結婚して家庭を持ち、日本では住職もしている。

そんな破天荒《はてんこう》な生き方をしている日本人は少ないから、既成概念にとらわれず、チャレンジ精神が大事だというメッセージを日本に向けて発信するべきだというのです。

アメリカの大学にはさまざまな国籍を持つ学生が通っています。私が担当する講義にも、インド、シンガポール、中国、韓国、実に国際色豊かです。しかし、そんな環境の中で、日本人に会うことが本当に少なくなってきたと感じます。

一つには、日本国内にいても十分に満たされてしまう豊かさがあると思います。わざわざ冒険するよりも、安全な場所でそこそこの生活が送れれば……。そんな思考でもそれなりの暮らしができてしまいます。そうなると、チャレンジしたいことがあってもなかなか決断ができず、枠の外に飛び出した生き方ができなくなります。何度もいいますが、この貴重な人生の一瞬を、好きなことをしてすごすことほど幸せなことはないはずです。

「やりたいことノート」を1カ月書き続け、本当は自分はこれがしたかったんだと自分の気持ちに気がついたとき、さあ、あなたはどうするでしょうか。

多くの人は、「そうはいっても仕事があるし」、「どうせ始めたところで、何者かになれるわけでもないし」、「そんなことといってる歳じゃないし」など、言い訳から入るのではないでしょうか。

あなたに言い訳をさせてしまうものの正体は、やはり、心配・不安です。

今の生活を変える不安。それによって未来が見えなくなる心配。家族や周囲の反応を知る不安。生活が成り立つのかという心配。

前章で、どんなときも無理に生活スタイルを変えないほうがいいと話しましたが、それは外的な要因によって変えないほうがいいということです。自分の心に問い続け、自分の本音に気づいたならば、人は何歳からでも新たな環境へと飛び立っていくことができるのです。


「僕の前に道はない　僕の後ろに道は出来る」

高村光太郎の『道程《どうてい》』という詩に書かれた、有名な一節です。

自分の進む道は、自分の手で切り拓《ひら》く。そんな勇気を与えてくれる、私の大好きな言葉です。


真にやりたいことを貫こうとすると、それを助けてくれる人との出会い、最高のタイミングや環境が向こうからやってきます。ワクワクには、人を巻き込む力が備わっています。

本気でやりたいと思うことに出会えたことを喜び、一歩を踏み出しましょう。

禅の習慣40

強い意志が大きな流れを引き寄せる。強い思いを抱く者にこそ、道は開かれる

強い思いを抱く者の前に道は開かれる。これは、私自身の体験したことです。私は大学を卒業したあと、埼玉県にある臨済宗《りんざいしゅう》妙心寺《みょうしんじ》派の平林寺《へいりんじ》専門道場で禅の修行をしていました。いわゆる修行道場と呼ばれるところです。

この修行道場にいた頃から、日本を出て海外で仏教を広めたいという思いが私の中にあり、その思いを実現させるにはどうするべきかと考えて、まずは英語の勉強を始めました。

修行道場の電気は夜10時に消灯するので、その時間からは唯一電気を点けられるトイレに場所を移して勉強しました。禅寺のトイレは拭きまくっているので、みなさんが想像する以上にきれいで、案外集中もできるのです（笑）。

日本を出る具体的なプランもないまま修行を終えて、修行道場を出てきたあと、そこからあまり日を置かず、当時上智大学名誉教授でイエズス会の司祭であった門脇《かどわき》佳吉《かきち》氏から私のもとにスペイン巡礼の話が舞い込んできて、１９９９年の10

月にはスペインへ行っていました。このスペイン巡礼は、「キリスト教日本伝来450周年」を記念し、東西の宗教の交流を目的としたものでしたが、この経験が、私の渡米を後押しすることになります。

フランシスコ・ザビエルの生地ハビエル城からスペイン最北端のカトリックの聖地サンティアゴ大聖堂までの約800キロの道のりを、プロテスタントとカトリックの司祭2人、私と先輩の禅僧、写真家の計5人で歩きました。一日歩いて、無料で宿泊できる巡礼宿で眠り、また歩く。その道中、世界中からやってきた巡礼者に会いました。少しの距離でも一緒に歩くということは、「同行二人《どうぎょうににん》」です。

同行二人というのは、四国巡礼の際、いつも弘法《こうぼう》大師（空海）と一緒であるという意味を込めて笠に書きつける言葉で、目的を同じくして一緒に歩いていると、人種や文化、宗教も超えて、みんなが一つになっていくのを感じます。そんな中で自然発生的に会話も生まれ、巡礼をしている禅僧は珍しいですから、「日本における仏教とは何か?」、「日本では宗教をどう扱うのか?」など、いろいろなことを聞かれるわけです。

その直前に修行道場で修行を終えたばかりの私は、禅を、仏教を理解したつもりになっていたけれど、答えに詰まる自分自身に、まだ何も知り得ていなかったことを教えられました。

自分の学んだ禅は伝統的な立場からの一元的なものでしかなく、伝統から一歩出た客観的な視点からもう一度学び直したい。これが、他宗教との対話の出発点となるに違いない。そんな思いを深め、2000年夏、修行道場で志した海外への思いが、コーネル大学入学という形で実現しました。

強い思いが大きな流れを引き寄せ、その流れにスーッと乗ってここまできたような気がしています。

禅の習慣41

自分が孤立していると感じたとき、つながりを感じさせてくれる言葉

どうして自分だけが苦しい思いをするんだ。なぜ自分ばっかり損な役回りが回ってくるんだ。

一見、人を羨《うらや》んでいるようでいて、自分が自分がの自我の思考に陥ってしまっているときは、一度、顔を上げてみましょう。目の前を歩いている人と自分の間に境界線はありますか？　そこにいる人と自分に、何か違いがありますか？

自分ばかりが不幸だと、ラインを引いているのはあなた自身です。自分も苦しいけれど、あの人にも苦しいときは必ずある。そう思った瞬間にラインは消え、不幸なのは自分だけではないと気づくはずです。

見えないラインを引いてしまうのは、何も、ネガティブになっているときだけではありません。自分はスペシャルな存在だと思い上がったときにも、他者との間にラインは引かれています。

私は初めて講演をした際、たいへん緊張していました。そんなとき、アメリカの恩師と呼べる女性から「あなたは、教えてあげようと思っているんじゃないの？」といわれ、ハッとしました。

会場にいる人たちも、壇上に立つ私も、同じ人間です。なのに私は、自分が教えてあげる立場なのだと自らラインを引いていたのです。


こんなふうに、自分をスペシャルな存在に祀《まつ》りあげると、我《われ》を見失います。

この本を書くにあたり、私は実験をしてみました。

最初の10分間は、マンハッタンを縦断するレキシントンアベニューという大通りを、「私はスペシャルな人間だ！　お前らとは違うんだ」と思いながら歩いてみました。

すると、目の前を歩いている人がジャマなんです。「なんで俺の前を歩いてるのだ！」という思考になってしまいます。赤信号で停まってもチッと舌打ちの一つもしたくなる。面白いくらいに人格が変わりました。

次の10分間は、「みんな、同じ人間なんだ」という気持ちで、同じ通りを歩きました。すると「この人気分が悪そうだな」、「お、この人は派手な服を着ているな」など、さっきまでは見えなかった景色が目に入ってくるようになりました。同時に、わかっていたことだけれども、同じ人間という価値観の前では、目や髪や肌の色の違い、国籍はまったく気になりませんでした。

このように自分がスペシャルだという認識を持っていると、他者との間にラインが引かれ、感情的にも他者から離れてしまいます。すると、些細なことでイラだち、そんな空気を他者も感じとって離れていくため、最終的に孤立することになってしまうのです。

一方、「みんな同じ人間なんだ」「つながっているんだ」という意識を持つだけで、イラだちや不安の入り込む余地が少なくなり、どんな人ともつながりを感じて生きていくことができます。

もっとグローバルな視点で、日本と海外を海によって隔てられていると考えるか、海によってつながっていると表現するか。考え方一つ、言葉一つで、そこにラインが引かれるかどうかが決まります。

身近なところでは、私は、「心と体」という表現が大嫌いです。「Body & Mind」ではなく「Body/Mind」「Body・Mind」と並列に表記するのが正しいとさえ思っています。

理由はもうおわかりだと思いますが、心と体はつながっています。体が心に影響を及ぼし、心が体に影響を及ぼす。それは、医学でも証明されています。

心と体は同じもの。「と」でラインを引いて分けられるものではありません。

同じように、「私とあなた」という表現も間違っているように思います。人はみんなつながっているのですから、「私のあなた」「あなたの私」と考えるだけで、自分と誰かを分断することなく、他者を思いやりながら、穏やかな心で日々をすごせるようになります。

誰かのせいで自分ばかりが苦しいと思ってしまうようなとき、誰かのことを批判したくなったとき、「私のあなた」と言葉を置き換えるだけで敵対意識が薄れ、心がほぐれていくことでしょう。

禅の習慣42

苦手な人に会うのも、何かの縁。一緒にすごすすべての時間を大切にする

職場、趣味の集まり、町内会や老人会、どこにだって苦手な人の一人や二人はいるものです。日本では『法句経《ほっくきょう》』とも呼ばれているインドの仏教書『ダンマパダ』にも、「嫌われていない人は一人もいない」と書いてあるくらいですから、どんな人ともうまく付き合える人なんていません。

でも、きれいごとに聞こえてしまうかもしれませんが、そこで出会ったのも、やはり何かの縁。それ以外にないと思うのです。

考えてもみてください。この広い地球の、まったく異なる場所で生まれ、違う環境で育った人間同士が、2018年のある日のこの時間、同じ場所に集っている。もうそれだけで、奇跡的な確率の奇遇な出会いだと思うのです。

さらにいえば、そこに居合わせた人が交わした会話は、この地球の歴史の中で、もう二度と繰り返されることはないわけです。

自分にとっても、相手にとっても、貴重なこの一瞬を共有しているという意識が出てくれば、そこには互いを敬う気持ちが生まれるのが自然です。

たとえ相手に苦手意識があっても、それはその人の一面に過ぎません。その一面をもってその人全体を判断するのは、誰にもいい影響をもたらしません。


私の苦手な○○さん、ではなく、この一瞬を共有する貴重な相手ととらえてみると、心が軽くなるのを感じます。

この時間が早く過ぎ去るようにと願うのではなく、二度と戻らないこの時間を少しでもいいものにしようと思えば、自分の態度が変わります。

ここにいるみんなが、それぞれに貴重な時間を持ち寄っていると考えれば、相手をリスペクトする気持ちが生まれます。


今いる場所に、ポジティブなマインドを持ち込みましょう。あなたのその前向きな姿勢にほかの人の共感が重なると、そこにハーモニーが生まれます。

美しい旋律が耳に心地いいように、その空間を満たすハーモニーがプラスのエネルギーを持てば持つほど、部屋全体が清々しい空気に包まれていきます。満たされた時間を共有した人たちの心は清く温かく、誰かを咎《とが》めたり排除しようとしたりといった気持ちも起こらないことでしょう。ここには、茶の湯の精神である和敬清寂《わけいせいじゃく》に重なるところがあるでしょう。

その場所が会議室であろうと、オフィス、電車の車内、タクシーの中。どこであっても、自分はハーモニーを奏でる一人なのだと思うと、それだけで、所作に変化が生じることでしょう。

第五章
孤独と死を恐れず、人生最後まで今を生きる

禅の習慣43

孤独感を消すために、あえて一人の時間を大切にする

晩年を一人ですごしている方も多いと思います。ずっとシングルを貫いてきた方、家族を亡くして一人ですごしている方、その理由はさまざまでしょう。なかにはその境遇から、ご自身のことを「孤独」だと思っている方もいるかもしれません。

私は日本語の「孤独」という言葉は慎重に使わなければならないと考えています。なぜなら孤独には、「一人で暮らしている」という物理的な孤独と、「精神的に寂しい」孤独の両面があるからです。

私は前者を「being alone（ビーイング・アローン／一人でいる）」、後者を「loneliness（ロンリネス／孤独感）」と使い分けています。

最近、『極上の孤独』という本がヒットしましたが、それは主に「ビーイング・アローン」のことをいっているのだと思います。「一人でいることは、寂しいのではなく、気高いことなのだ」という主張に私は賛成です。誰にも振り回されず、一本芯《しん》の通った生き方を、誰もがしたいと思うことでしょう。

本当の問題は、「ロンリネス（孤独感）」のほうです。孤独感を抱えたまま晩年を生きるのはとてもつらいことだからです。シニアの方々にとって、孤独感をどう解消するか、それは心配事の一つといえるのではないでしょうか。

ロンリネスを感じるのは、一人暮らしに限りません。家族や友人に囲まれていても、そこに「つながり」がなければ、心の片隅にいいようのない孤独感は芽生えます。

しかし禅では孤独感もまた、心配や不安と同じように、湧き上がる感情の一つと考えます。つまり、自分で消していくことができるのです。

孤独感の解消に必要なのは、「一人の時間を大切にする」こと。

「ロンリネス（孤独感）」を解消するために、「ビーング・アローン（一人でいる)」の時間が必要だなんて、ちょっと不思議ですね。

孤独感を消すための答えは、本の中ではなく、あなたの中に必ずあります。だから、一人の時間を大切にし、自分の心に聞いてみる必要があるのです。

坐禅の時間を静かにとり、自分自身が本当に求めていることはなんなのか問いかけてみてください。「やりたいことノート」を書いてみるのもいいでしょう。漠然としていた孤独感の原因が、少しずつわかってくるはずです。それはもしかすると、「家族と一緒に暮らしたい」や「趣味の友だちがほしい」という願いなのかもしれません。

孤独というあいまいな感情の原因がなんなのかわかったとき、すでに孤独はあなたの前から消え去っています。

禅の習慣44

老いて年齢を重ねることこそ美しい、という文化を育てる

海外から見ると特に日本は若者中心の文化に見えます。渋谷や原宿といった若者が集う場所から流行が生まれ、電車の中吊り広告には、抗老化を意味するアンチエイジングという文字が躍ります。

見た目を若く保っている人がもてはやされ、若者と同じようにスマホを扱えなければバカにされる。そんな風潮の強い日本に物申したくなるのは、私自身も年齢を重ねてきたからでしょうか。

丹精込めて作られた茶碗や漆器、日本刺しゅうが美しい着物や帯、繊細な木工細工の施された戸やふすま。

揺るぎない自信と鍛錬のもとに生み出された作品は、アンティークと呼ばれるほどの時を経ても、力強さと気品を備えています。

また、人の手によって生み出されたものは、既製品にはない表情を携え、手に取るだけで作り手の心や想いが伝わってくるからでしょうか。使う人の所作も丁寧になり、一つのものを大事に扱うようになります。

百均やファストファッションに代表される現代の〝プチプラ文化〟にはない、アンティークを大切にする心を私たち日本人は持っていたはずです。

そのことを、若者だけではなく、私たち自身も忘れてしまっているのではないでしょうか。

若者ばかりを責めることはできません。先を歩く私たちこそが、アンティークは美しいということを、自身の生き方で示さねばならないと思うのです。

同じ年代に作られた芸術品でも、手入れが悪く錆《さ》びてしまったり、雑に扱ってひびが入っているようでは、価値が半減してしまいます。

人間の生き方も、まさしくこれと一緒です。自分をないがしろにしていれば脳みそも体も錆びつくでしょうし、ただ突っ走るだけでメンテナンスを怠れば体のあちこちに故障が起こります。

丹精込めて作られた茶碗のように、その一瞬に集中します。

そのひと針が美しい図柄を完成させるのに欠かせないひと針であるように、どんな場面でも手は抜きません。

繊細な木工細工のように、隣り合う人との出会いを大切にして大輪の花を咲かせます。

そんな人生の積み重ねが、アンティークこそが美しいという生き方をかなえてくれるのです。

禅の習慣45

大切な人の死を乗り越えるために、今を生きる人ができること

年齢を重ねていくと、過去の栄光を繰り返し話したがる人がいます。中年期の方が口角泡《こうかくあわ》を飛ばしながら学生時代にスポーツで活躍した話をしていたり、もう10年以上前の輝かしい営業成績について自慢をしていたり、あの頃モテた話をしていたり（笑）。

過去の栄光がすべて悪いのではなく、大事なことはやはり、そこに執着があるかないか。

現在に向けて「あのときは頑張った。だから今も頑張ろう」と発奮材料にできる、あるいは、「あのときはよかったなぁ。みんな若くて無茶もできたし、金はなかったけどいつも笑ってて」など事実をそのまま受け止めるだけならいいですが、過去の栄光がよりどころで語るべき今がないのだとしたら、やはりどこかで過去と今を断ち切って、今をしっかり見つめ、生きることが大事だといえます。

過去への執着は、輝かしい栄光ばかりとは限りません。ひどく悲しい思いをしたときにも、それがいつまでも心の片隅に横たわり、執着となってしまうことがあります。

私が成人式の翌日に体験した出来事が、まさにそうでした。

小学生の頃に仲のよかった友人と、8年ぶりに成人式で再会しました。「話したいことがあるから、このあといい?」と聞かれ、私は「予定があるから今日はダメだ。また連絡するよ」と答えました。それでも彼は「お願い、少しで終わるから」と食い下がったのですが、私は彼の真意が読み取れずに再度断ってしまいました。

その翌日、彼は飛び降り自殺をしました。私の後悔は、あのとき少しの時間も作らなかったことです。私に話したことで自殺を思いとどまらせることができたとは思いません。しかし、もしかしたら……という思いも拭えないのです。

なんであのとき、どうして俺は、と、しばらくはその出来事に飲まれた状態ですごしました。しかし、少し時がすぎてから、「自分がどんなに後悔しようと、もう彼は戻ってこない。今の私にできることを考えよう」と思うことができ、わずか20歳で命を落とした友人のように、真剣に人生を考えている人を救いたい。そう思ったのが、お坊さんになった一つのきっかけとなりました。

悲しい体験から抜け出すのはエネルギーも必要です。あのときああしていればという思いは一生付いて回ると思いますが、今できることは、あのときのような後悔を二度と繰り返さないことしかないのです。

人生を逆再生することはできません。人は前に進むしかないのです。

禅の習慣46

遺書を書く。掃除をする。あとに残される人のために

もし、私が最期を迎えるとして、そのときまだ体が動くのならば、家族のみんなのためにできることは全部やっておきたいと考えることでしょう。

まず、間違いなく掃除をします。立つ鳥跡を濁さずで、リビング、トイレ、お風呂、キッチン、自分の使った場所はみんなきれいにしておきたい。

これをいちばんにやったら、私は料理も好きなので、家族それぞれが気に入っている料理を作ります。娘二人だったら、鶏もも肉となすのみそ炒めとハンバーグかな（笑）。それを作って、保存容器に入れて、冷凍庫へ入れておきます。

そして、洗濯をして、いらなくなった洋服を捨てます。

できることの大半をやり終えたら、手紙を書きます。私が大事にしていたものをシークレットで箱に入れておいて、私がいなくなったのち、娘たちに届くギフトにしてもいいかもしれません。いちばん伝えたいことは「出会えてよかった」です。

ここまでできたら、あとはゆったりとした気持ちで、家族と一緒の時間を「ありがとう」ですごします。今一緒にいる時間を大切に、怒ることがあっても「ありがとう」ですごすことでしょう。

もし、最期に言葉を発することができなかったり、体が動かなくなっていたときのために、晩年には遺書を用意しておこうと思っています。

遺書というのは死ぬのを前提として書くものですから、「まだ自分は元気なのに！」という思いが先に立つかもしれません。あるいは、周囲の人たちも気を使って聞くに聞けない状況もあります。

実際、私の祖父は100歳を過ぎても3時に起きて書斎で本を書いているような人でしたから、現役でバリバリ活動している人に、遺書を書いてなんていえませんでした。

私個人としては、遺書は亡くなった人の意思をダイレクトに尊重することですから、大変大事なものだと思います。「あとはどうでもいい」と考えている人は、あとの人に任せればよいと思います。

そうではなく、あとの人も困るだろうからこうしてもらおうという気持ちのある人は、自分の意思・意向をしっかりと残すべきだと思います。

遺書を書く。それも、重要な身辺整理ですから、掃除と同じカテゴリーに入れてもいいのかもしれません。

私が掃除をするのは、私も含め家族みんなが気持ちよく暮らすため。遺書も、残された人が仲よく暮らしていくためと考えれば、抵抗なく書くことができます。

禅の習慣47

この世に生まれてきた奇跡を、最期の瞬間まで味わう

人間は、生まれたときからすでに、すべてのメカニズムが止まるようにプログラムされています。形あるものはすべて、終わりがあるのが必然なのです。

死は人生の外側にあるのではなく、人生の一部。

生が終わって、その先に死があると思いがちですが、生の中に死も含まれている。死も命のプロセスであり、死をまっとうして人生が終わると考えれば、死を恐れる感情が少し和らぐのではないでしょうか。

ブッダは生老病死《しょうろうびょうし》を人生の四苦であるといいました。ただ、間違えてはいけないのは、死そのものが苦なのではなく、死という避けられない事実に向かって、死ぬのは嫌だと抗《あらが》い、コントロールしようとすると、そこに執着が生まれるから苦なのです。

29ページで、私たちは今という「・」で生きているといいましたが、死も一つの点に過ぎません。死ぬときに何かが起きると思って想像を膨らませますが、・・・・

この点が消えたときが死であるだけで、やはり、人生の一部なのだと実感できます。

死が人生の一部であるならば、その瞬間を待つのではなく、そこまでの人生を一生懸命に生きよう。最後の点が消える瞬間まで人生をまっとうしていれば、やれることをやったと満足してそのときを迎えられるのではないかと思うのです。

私は祖父、祖母、父を1年のうちに亡くしました。祖父などは101歳の大往生で、亡くなる前日まで書斎で執筆を続けていました。そんな姿を見ていたからでしょうか。お坊さんとしてたくさんの死と接してきていたのに、自分の身内はなぜだか死なないような気がしていたのです。

けれど、死は誰にも平等に訪れました。


父は70歳という年齢で逝きましたから、みなさん口々に「これからの人だったのに」、「若いお坊さんたちのリーダー的な人がいなくなってしまった」、「亡くなるのには早すぎましたよね」と、慰めの言葉をかけてくださいました。

そのお気持ちは本当にありがたく、これだけ多くの方が父のことを思ってくださることに、感謝しかありませんでした。


しかしその一方で、これほど温かな言葉をかけていただきながら、救われない自分がいることにも気づきました。

いちばん自分を納得させたのは、時間はかかりましたが、「寿命だったね」という言葉でした。この言葉がいちばん心にしっくりときて落ち着きました。

死は誰にでも平等に訪れますが、生きる長さは平等ではありません。でもそれは、私たちにコントロールできることではなく、当然のことながら、生きた長さにいいも悪いもないのです。

残された者たちが早すぎる死だと感じたとしても、それがその人の寿命であった。その人は寿命をまっとうした。

こう考えるほかないのだと、父の死を通して知りました。

その人に与えられた寿命をまっとうする。これが、生きることの目的ともいえるでしょう。

その観点に立てば、自殺がよくないことというのはすぐにわかります。

この体で、生きてこの世に生まれてくる。そのこと自体が、すごい確率なのです。父と母が生んでくれた大事な命です。また、その命は過去からのDNAの継続です。もはや、その人一人の命ではないのです。

さらに「大海の一針」というブッダの言葉は、海に落とした針を見つけ出すのと同じくらい、この世に生まれてくるのは難しいということを伝えています。

大切なこの命をどう生きるか。命を与えられた以上、真摯《しんし》に向き合わなくてはならないでしょう。

禅の習慣48

どう生きたかと、死は無関係。人生最後の「縁」に身を任せる

人生も老年期に入ると、自分の最期が気になるものです。何事にも最初と終わりがあると思えば、終わりがあってこその人生。そのように死を受け入れている人にとって、死は怖れるものではないでしょう。

最期は苦しまずに逝きたい、家族に見守られながら息を引き取りたい。それぞれ思いはあるでしょうが、死に方にいいも悪いもありません。みんなが行く道です。

お釈迦様は熱心な信者である鍛冶屋のチュンダが作った食事に当たったのが原因で亡くなります。チュンダを責める弟子たちを、死を悟ったお釈迦様は諌《いさ》めました。「生まれた者は必ず死ぬ。私がチュンダの料理を食べていなかったとしても、私は何かしらの縁で、どこかで死んでいた」、そして最期は「チュンダよ、これから死んでいく尊い縁を作ってくれてありがとう」という言葉を残して亡くなります。

縁をコントロールすることは、誰にもできません。どう亡くなるか、それも縁なのだとすれば、身を任せるしかありません。

高齢化社会となり、ニュースなどで近年取り上げられることの多い孤独死にしても、言い方はおかしいですが、死の一つの形態であって、そこにいい悪いはないのです。

残された人たちが「寂しい思いをさせたね。もっと早く見つけてあげられたらよかったね」と思うから、孤独死＝寂しいと思うのであって、死に方そのものが寂しいわけでもありません。哀しんでくれる人が一人でもいるのならば、その人は本当の意味で孤独死だったとはいえないはずです。いや、たとえその死が世界中の誰にも知られない死だったとしても、「人生最後の尊い縁」であることには変わりないのです。

心臓発作で突然逝くのも、病院で看護師や医師に見守られて逝くのも、すべては縁です。それまでの人生をどう生きたかということも関係ありません。

死を恐れたり、死に方にこだわったり、死を待つような生き方をするのではなく、この人生をまっとうしたと思えるように、生かされている今に焦点を当てて精いっぱい生き、あとは人生最後の縁に身を任せましょう。

禅の習慣49

大いなるものにいだかれあることを
けさふく風のすずしさに知る

私がいちばん死に近づいたのは、24歳のときです。当時は修行道場で修行をしており、私には修行僧を起こす役目が与えられていました。起床時刻である3時に遅れないよう、その日も私は2時半に起き、身支度などの準備を整えようとしました。

しかし、起きた瞬間から後頭部が脈打つようにガンガンと痛み、熱をはかると39度1分。30分の間に7回解熱剤を飲みましたがまったく効かず、吐き気がするので何度もお手洗いへ行くうちに、もう出るものもなくなりました。

それでもどうにかみんなを起こし、一緒に食事を摂りましたが、その後の坐禅中に倒れて意識を失いました。たまたま隣にいた兄が私の異変に気づき、私は担架に乗せられて病院へと運ばれたようでした。私自身、何も覚えていません。

診断は、髄膜炎《ずいまくえん》でした。脳を覆う髄膜に炎症が起こり、放っておくと脳が炎症して脳炎で命を落とすこともある病気です。あとから知ったことですが、母は3

日間寝ずに私に付き添い、もう本当にダメじゃないかと思うくらい、私の病状はひどかったようです。半身不随などの後遺症があってもおかしくないような状態で、半年もの間、入院生活を余儀なくされました。

半年後、季節は冬から夏になっていました。ようやく修行道場に戻った私は、坐禅堂に入り、一人で座っていました。

坐禅堂はすべてのドアが開いていて、外とひと続きのようになった空間です。そこでしばらく時をすごしていると、日も暮れかけて、ヒグラシの鳴き声が聞こえてきました。その鳴き声に気づくと、徐々に鳴き声がオーケストラのように聞こえてきて、ふと、ヒグラシが「お前よく、無事でここに戻ってきたね」といってくれている気がしたのです。

そのときに、「あぁ、自分は独りぼっちじゃなかった」と、ここで待っててくれている自然が、ヒグラシがいたじゃないかと思いました。

私が住職を務める佛母寺の開山である、山田無文老師も若いときに結核を患い、隔離病棟ですごした日々がありました。一人きりですごす時間の長さから死人同然の体《てい》となり、「自分はもう死ぬんだ」と思い詰めたそうです。

しかしある日、縁側に出ると通り抜けた風が自分を包み込むのを感じたそうです。その風によって、自分は忘れてしまっていたけれど、常に自分の周りには空気があったことを思い出します。そう、一人きりでベッドに寝ていても、独りぼっちではなかったのです。

「大いなるものにいだかれあることを　けさふく風のすずしさに知る」

この経験を通じて、山田無文老師が詠んだ詩です。

死を覚悟するような場面でも、人はまだ気づき、学ぶことができる。これほど尊いことがあるでしょうか。

おわりに

禅のフィルターを通すことで心の重荷をおろし、心配事から解き放たれ、生きることを楽しんでほしい。そのことを伝えたいあまりに、ずいぶん自分の話も披露してしまいました。読み返してみるとお恥ずかしい場面も多々ありますが、どの話がどなたの琴線《きんせん》に触れるかはわからないのだからと自分に言い聞かせ、本書を世に送り出すこととしました。

生きることは気づきの積み重ねですから、この本の中にあるひと言、一行、一ページが気づきとなり、人生をよりよく生きる心の支えとなれば、これほどうれしいことはありません。

この世は無常です。どんなことにも始まりと終わりがあります。この世は一切唯心造です。どう生きるかは、自分の心模様次第。だから笑って、今この瞬間を大切にすごすことに全精力を注ぎ、人生を楽しみ、味わい尽くしましょう。

私も禅を通じて日本と世界の架け橋になりたいという夢の途中ですが、一期一会を大切に、感謝の気持ちで日々をすごしていきたいと思います。

こうして私の想いを本という形にして、日本のみなさまにお伝えできるご縁にもただただ感謝です。

みなさまが心配事から解き放たれ、人生の主人公として毎日を楽しまれることを心より願っております。

松原正樹

心配事がスッと消える
禅の習慣

発行日　2018 年 10 月 1 日　第 1 刷

著者　松原正樹

本書プロジェクトチーム
編集統括　柿内尚文
編集担当　小林英史、堀田孝之
編集協力　今富夕起、寺口雅彦
デザイン　原田恵都子（Harada+Harada）
イラスト　植木勇
校正　植嶋朝子
営業統括　丸山敏生
営業担当　戸田友里恵
営業　増尾友裕、池田孝一郎、熊切絵理、石井耕平、大原桂子、矢部愛、綱脇愛、川西花苗、寺内未来子、櫻井恵子、吉村寿美子、田邊曜子、矢橋寛子、大村かおり、高垣真美、高垣知子、柏原由美、菊山清佳
プロモーション　山田美恵、浦野稚加

編集　舘瑞恵、栗田亘、村上芳子、大住兼正、千田真由、生越こずえ
講演・マネジメント事業　斎藤和佳、高間裕子、志水公美
メディア開発　池田剛、中山景、中村悟志、小野結理
マネジメント　坂下毅
発行人　高橋克佳

発行所　株式会社アスコム

〒105-0003
東京都港区西新橋 2-23-1　3 東洋海事ビル
編集部　TEL：03-5425-6627
営業部　TEL：03-5425-6626　FAX：03-5425-6770

印刷・製本　中央精版印刷株式会社

Printed in Japan ISBN 978-4-7762-1012-2

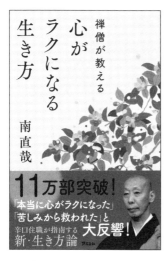

購入者だけにプレゼント！

スマートフォン、パソコン、
タブレットで

「心配事がスッと消える禅の習慣」

の電子版がダウンロードできます。

アクセス方法はこちら！

▼

下記のQRコード、もしくは下記のアドレスからアクセスし、会員登録の上、案内されたパスワードを所定の欄に入力してください。
アクセスしたサイトでパスワードが認証されますとダウンロードできます。

https://ascom-inc.com/b/10122

※通信環境や機種によってアクセスに時間がかかる、
もしくはアクセスできない場合がございます。
※接続の際の通信費はお客様のご負担となります。